師範室閑話

まえがき

人々が生活してゆく上でいろいろな人に出逢う。自ら求めて会うことがある。先様が訪ねて来てくれる場合もあれば、出先で逢うこともある。行事に参加して多くの人に会う場合もある。世の中にいろいろなタイプの人がいるから面白いのではないだろうか。

仮りに訪ねて来た人も、出先で逢った人も、行事で会った人々も、誰も彼もがそろばん玉のように、画一的な人格だったら世の中が面白くない。いや、それどころか、会う人会う人が同じタイプだったら、ついには人に会うのが嫌になってしまうかも知れない。

いろいろな人がいて、それぞれが違った個性を持ち、それぞれが違う物の見方をし、違った行動をする。そこが人と人の交わりで面白いのであろう。

自分のことを自分で不思議に思うことがある。その「こと」とは何かと言うと、若い頃から不思議に年寄りに可愛がられた。六十代半ばになって年寄りに可愛がられた、などと書くと、ここではなじまないが、私にも若い頃があった。

年寄りはともすると、回顧や愚痴を楽しむ傾向がある。回顧や愚痴を不用意に話してくれた中に、思いもかけない佳い話がある。

ここに書いたものは、年寄りが、或いは人生の先輩が語り伝えてくれた話である。自分が経験したことをベースに書くと、どこかに「自分」が出る。「自分」をあらわにしたものは面白くない。その点、年寄りや人生の先輩の話にはその人の人格だけが出る。

無形の文化の剣道は不思議な側面をもっている。たとえば、うまいこと「面」に当たった、と喜んでいる。ところが一段高い所にいる人から見ると「あの面はねぇ」なんて言われる。いや、言ってくれた方が有難い。何も言わずに腹の中で（彼はいつまでも未熟ですねぇ……）。この辺が修行半ばの我々には困ってしまう。

「桜田余聞」以外は数年前に書いたものだから、登場人物のほとんどが故人である。故人のご冥福を祈りたい。

「桜田余聞」は平成二年の秋、歴史探訪を重ねている途中、偶然に得たものである。当てっこの竹刀剣道をとやかく言われている昨今、戦闘の生々しい記録は現代の剣道家に参考になるだろう。

井伊大老が倒れた百三十年前の模様を、詳しく教えていただいた花園教之先生に謝意を申し上げたい。また拙著を出すにあたってご協力を頂いた剣道時代編集部の各位にも心から感謝の意を表したい。

平成三年一月

上牧　宏

師範室閑話〈目次〉

まえがき 1
全剣連誕生史秘話 7
浮木 59
かすみ 69
機会と間合 97
妙義道場　郷土訪問秘話 103

審査員の目　113
斎村先生と持田先生の教え　125
古老の剣談　135
ある故人の話を思い出して　145
小川範士回顧談　153
桜田余聞　205

全剣連誕生史秘話

今をさる四十年近く前のある日のことだった。何日だったかはっきりしないが、昭和二十六年一月下旬の金曜日に間違いない。関係した人たちは一月下旬の金曜日だと記憶している。寒中だから寒いのは当たり前だが、この日は一段と寒かった。そのことも記憶が一致する。出来事に関係した人たちの記憶をつづりあわせてみることにする。

一

六三型のぼろ電車が東京駅を発車すると、二人の中年がサッと立って扉の前に並んだ。小柄の方はときどき手の紙切れに目をやり、思案している。

客の少ない電車が次の駅に止まると、扉が開くのをもどかしげに駆けるようにして階段を降りていった。改札を通る前に頭上の時計に目をやり、大柄が、

「もう二時を回った。事務所に居てくれるといいんだが……」

「そう、留守ではどうすることもできない」

東北の訛《なまり》がある。江戸っ子ではないらしい。

二人とも肩幅が広く、身のこなしといい、手の大きさといい、ありふれた職業には見えない。

「急な言いつけで、考えるゆとりがなかった。俺たちは大変な用を言いつかった」

「同じ思いです。言いつけどおりに事が運ぶかどうか、その辺が気がかりです」

有楽町駅を背に、小柄が、

「戦争の終わり頃、この先の署の助教をしていました。この辺は詳しいつもりだが、焼けてしまうと見当がつきません」

立ち止まってはメモを見て、銀座の方へ行った。

銀座といっても今の銀座ではない。焼けたビルがやたらとあって、ビルとビルの間は木造の焼けた跡だ。土台石の焼けたのや赤く錆びた鉄材が散乱している。

家を焼かれた人たちは、焼け跡の土を少し掘り下げ、その上に焼けた古材で骨組みをして、焼トタンでおおった中で生活していた。古代人同様、半地下の家である。

配給米では足りない、勤めを休んで買い出しに出かける。着るものも不足で、繕ったのは当たり前、夏物を冬まで着、梅雨寒には冬物を着た人が多い。

二人の服装を見ると、靴は手入れをしてあるが、かかとは磨り減ってペチャンコ、防寒のオーバーは襟や袖の毛が無くなって、白い織糸が網目のように見える。

この人たちの服装は上等の方だ。文字どおり衣食住に困っていたのである。

探す事務所は東銀座にあった。ビルは焼夷弾で焼かれているが、よく手入れしてある。三階に掲げた看板は「鏑木《かぶらき》汽船株式会社」と、金文字がきわだった。

ようやく見つけたというのに、二人の顔は冴えない。

この会社は戦前、都心の一等地にビルを持っていた。物不足の時代に、建物も看板まで行き届いている。裕福な会社であろう。

もしかすると統制物資の横流しで儲けたのではなかろうか。職務柄、闇屋だったら頼み事は差し控えなければならない。連絡してから訪ねるといい。が、公衆電話の無い時代である。

ここの社長は鏑木武盛といって、三十を少し出た同志会の会員、稽古でしばしば顔を合わせていても、私的なことはまったく分からない。

冬の日は西に傾いた。いつまでも迷っていられない。どちらからともなく、

「鏑木さんにかぎって、闇屋の心配はないだろう」

うなずきあうと、扉を押して入った。

受付は名刺を見て、一瞬、顔を曇らせた。よく見ると警視庁教養課とある。社長の稽古仲間かも知れない。

「社長に来客がございます。しばらくお待ち下さい」

受付嬢は応接室へ案内した。部屋は十五、六畳もあろうか。広い部屋の上座を仕切り、和室風

にして、木曾檜作りの大きな神棚が祀ってある。床には漆塗りの台が置かれ、黒糸縅《くろいとおどし》の鎧が飾ってある。

部屋の隅に見たことのないものが燃えている。話に聞いた石油ストーブかも知れない。外国製であろう。寒風にさらされてきた二人に暖房は有難い。

座ろうとして椅子を見ると、椅子をおおっているのは豹の皮らしい。躊躇して腰を下ろす。家具も道具も、訪問者には縁のないものばかりだ。

用件だけでも落ち着かない二人は応接室に案内され、いっそう落ち着きを失っていた。

「やあー先生方、お待たせしてすみません。よく訪ねてくださいました」

社長は稽古場と変わらない。訪問者はホッとして、用件を持ち出すのだが、当時を振り返って次のように話している。

「あの時はね～、挨拶を交わすや、疑ってすまなかったと思った。鏑木さんは地味な人で、稽古場で見る鏑木さんと、立派な事務所や応接間は違った感じがした。用件を持ち出す前に、自然と会社の話になった」

話によると、戦前の鏑木汽船は日本の全商船の０・５％をもっていた。

日支事変の初めころ、バイアス湾に敵前上陸した輸送船団は鏑木汽船の船だった。

今も（当時）トラック島の浅瀬に、マストを出して沈んでいる山鬼山丸は、会社の船だそうだ。

「うちは先祖から船に縁がありましてね……。戦前は船の仕事はよく儲かったのです。戦後は船で運ぶ物がなくて赤字つづきです。去年は採算の悪い船を一パイ、アメリカの船会社に売りました。いま、沖縄で働いています」

「会社もご先祖が創られたのですか」

「いいえ、会社は祖父が創りました。先祖といったのは、かなり昔のことで、平将門の時代に水軍を持っていたのです」

「えぇーっ」

またまた驚かされ、そちらに興味が湧く。だが、今日はそれどころでない。

頃合を見て用件を切り出すのだが、用件のもとは警視庁武道館に流れた地方からのうわさ話である。

その頃の警視庁武道館は北の丸にあった。かつての近衛師団の武道場を使っていた。総檜作りの日本建築、床のスプリングがよく利いた立派な道場だった。

年と共に、近衛師団の武道場で稽古した人は少なくなった。が、後の日本武道館は、近衛師団の武道場を取り壊して建てたものである。

戦前の警視庁の剣道は盛んだった。終戦後、しばらくの間は逮捕術の稽古が中心で、講和条約の締結が近くなると剣道ができるようになった。

当時は稽古する場所が少ないこともあって、腕を磨くのにもっとも良い所が警視庁の武道館。重い防具袋を担いで日本中から集まる。

防具袋が重くても不思議はない。隙間に米を詰めてある。ゆうに十五キロは入る。警官に見つかると、経済犯で米は没収される。が、防具袋を調べられた人はいない。隠し持った十五キロの米が、お土産になったり、宿泊代になったり、帰りの切符になる時代だ。

稽古が終わると、地方から来た武専、皇道義会、修道学院などの出身者は連れだって九段下に並ぶ屋台へ行き、梅割り焼酎で時を忘れる。

今は梅割りの名を知る人も少ない。あの頃、酒といえば焼酎に決まり。誰が考え出したのか、焼酎に梅のジュースを混ぜて飲みやすくした。これがある時期まで大流行する。

梅割りを手にすると話に花が咲き、酔えば普段やれない話が飛び出す。

ある日のこと。梅割りをあおっての話が、重大なニュースとして東京の剣道家の上層部に伝えられた。

いわく、京都では小川金之助範士（のち十段）を中心に、剣道復興の気運が盛り上がり、近いうちに全国組織の発会式が行なわれる。

京都は平安の昔から武の本山だ。小川範士を中心にした動きは自然の成り行きといえた。

もう一つのニュースは、大柄の助教の先輩が、九州からもたらした。

長崎生まれの先輩は、戦前、皇道義会に籍を置いて活躍した。戦後は公職追放にあい、生家に身を寄せ、浪人していたのである。

「稽古の腕を上げたなー。ところで、これはバクダン（メチルアルコール）ではあるまい」

「この店は心配ありません。純粋の梅割り焼酎です」

「聞いて安心した。バクダンはいけない。あれを飲むならマッカリがいい。バクダンをたくさんやると失明は軽い方だ。翌朝、冷たくなっていたんではなー」

「韓国人のマッカリ（ドブロク）は安いが、酸っぱくてね。近県の農家で作るドブロクの方がいいが、なかなか手に入らない。ところで先輩、就職は」

「近々、公職追放が解ける。学校の教師は無理らしい。制度が変わったから。講和がすめば何とかなる。アー空きっ腹に利いた。オー、聞いたといえば、熊本の話を聞いたかい」

「熊本で何かありましたか」

「熊本は役者が揃っている。東京や大阪が目を回すようなことをやるかも知れない」

先輩の話によると、熊本も全国組織の先鞭をつけようと、発会の準備を進めていたのである。

熊本は地理的に不利だ。不利を補うために、手のこんだことを考えた。

熊本の名家の生まれの剣道家に大麻勇次と唯夫の兄弟がいた。兄の勇次（のち十段）は剣道も豪だが、生活面でも豪傑、道楽が過ぎて熊本に居られなくなり、隣の佐賀県に住んでいた。弟の唯夫は政治家になり、戦前から全国に知られている。

弟を取り巻く肥後モッコスと、兄の勇次が立てた計画は、当地の剣道家が結集して、唯夫の政治力によって熊本に剣道の本拠を築こうではないか。

昨今では無理な計画であるが、当時の社会情勢は無謀ではなかった。

全国の主要都市は焼けている。衣食住に事欠く毎日だ。一般は剣道の復興など考えない。高名な政治家の力をもってすれば、西国の熊本に剣道の本拠を築くのは難しくはなかった。

相次ぐニュースに神経を尖らせたのは、東京の剣道家の幹部たちである。

京都と奈良は戦災に遭っていない。武徳殿は戦前のままである。体育館も民間の道場も数多く残っている。武徳殿に集まれば明日にも全国組織を作れる。

熊本、佐賀の連合した動きにも神経を尖らせた。

高名な剣道家に九州出身が多い。ほとんどが郷里に身を寄せている。熊本と佐賀に誘われると一大勢力になる。プラスして実力の政治家がついている。

東京は、西の動きに神経を尖らせるのだが、駐留軍（連合軍）という厄介な存在をどうすることも出来なかった。

連合軍といっても米軍が中心で、総司令部は東京にあった。

連合軍が出した命令は「公共の建物で剣道をやってはならない。個人の建物はかまわない」命令は拡大解釈も縮小解釈もできた。私立の幼稚園を公共の建物として取り締まりを受けている。拡大解釈されると厄介な命令だ。

昨今は青い目の剣道家が多い。戦後は長い間、目の敵《かたき》にされたのである。

こうした社会の情勢は、著名な剣道家の態度にも表われる。米軍が嫌う剣道をやって、公職追放で職を失いたくない。

東京の剣道の復興の障害になったのは、体育館や道場が戦災に遭っただけではなかった。連合軍にはにらまれたくない剣道家が多かった。

連合軍の顔色をうかがう者がいる一方、彼らを何とも思わない人たちがいた。少数派とも骨太組とも言われた人たちである。

全剣連初代事務局長の渡辺敏雄範士（故人）は、当時を振り返って、昭和二十五、六年になると、骨太たちは約三十ヶ所で稽古していた。

一ヶ所に多く集まっても十数人、ほとんどが五～六人だった。

骨太組に京都と熊本の動きが伝わると、たちまち首都意識をあらわにして、声高かに「一日も早く何とかしなければ、剣道の本部を西に取られてしまう」

別の骨太は「政治も経済も学術も、すべての中心が東京だ。剣道だけが京都や熊本では、事あるごとに向こうへ行かなければならない」

急きょ都内の三十ヶ所から主立った人が集められ、対策の会議が行なわれた。

「発会の式は京都や熊本に劣っても仕方ない。一日も早く発会式をやろう」

骨太組の頂点に斎村五郎と持田盛二の二人の範士（のち、共に十段）がいて、言い合わせたように一言も喋らない。が、二人の出席は、計画は推し進めなさいのサインと同じである。

結論を出すのに時間はかからなかった。が、問題は発会式を何処で、どのようにやるかで行き詰まった。どちらを向いても焼野が原。発会式に集まる場所がない。

当時は場末の、板橋や練馬へ行くと焼け残った学校の体育館はある。警察の道場もあった。それらは公共の建物、駐留軍から使用禁止のお達しが出ている。

発会式に集まればお茶にお茶菓子、御神酒《おみき》もいる。昼時になればお弁当も要る。湯飲みにきゅうすにお茶も要る。乾杯のグラスを用意できる人はいない。もちろん金もない。

誰も彼もその日を生きるのが精一杯。寄付したい気持ちはあっても、ない袖は振れない。

結局、焼け跡の吹きさらしで、形だけの式をやろうと決まりかけた。

ところが、年寄りが多いから、雨が降ると風邪をひかせては大変と、会議は二転三転して行き詰まった。その時、誰かが、

「鏑木さんに相談してみてはどうか」

その誰かは、今となっては分からない。

普段の人柄を見込まれて、使いに立ったのが斎藤今朝治（のち範士八段）と岡田守弘（のち範士八段）の二人である。

二

「明後日の日曜の午後一時から麹町《こうじまち》の本宅を、二時間ほど剣道家のために、いや、剣道の復興のために貸していただきたい」

話を聞いた鏑木社長は、家を貸すのは何とも思っていなかった。が、先輩の剣道家たちが麹町

の家を、剣道のためとは言いながら何に使われるのか、その辺が気になって詳しく聞いた。

二人は、ややせき込んだ話し方で次のように説明する。

「京都と熊本と佐賀では地域の剣道連盟の発会の準備がすすんでいる。次の次の日曜日に京都で発会式が行なわれる。東京がこれに遅れると、新しい剣道の全国組織の本部を京都へ持って行かれてしまう。

京都の剣道家は『武の本山は京都』の意識を強くもっている。

東京は、京都より一週間早く発会をしておかなければならない。

明後日の日曜日に発会式をやりたいのだが、その場所がない。発会式の式場に麹町の本宅を貸していただきたい」

聞き終えた社長がいかにも困った顔をした。

使いの人たちはその時、これは駄目かな、と思った。

ところが、鏑木社長は別のことを心配していたのである。

社長は、この道の先輩に遠慮がちに、

「先生方、剣道のためにあの家を使われるのはかまいません。遠慮なく使っていただいて結構です。が、私が気になるのは、京都の方々と先を争うようなことに使われるのは困るのです。私の家は先祖代々人様と争ったり、争いの種になるようなことは避けてきました。それが良かったかどうかは解りませんが、先祖が関東に来てから千年くらい続いているのです」

「エーッ…」

「先生方はあの家を本宅と思って居られますが、あれは麹町の家といいまして戦災に遭った後、すぐに建てたものです。

本宅は千葉の干潟という所にあります。私たちの先祖は中世に干潟八万石を治めていました。いや、待ってください。先生、いま言った干潟八万石というのは間違いです。干潟という名前は江戸時代に付けた地名、昔はあの一帯を鏑木といい、鏑木八万石が正しい言い方です」

「すると、鏑木さんはそのお城の殿様の子孫ですか」

「はい、先祖はその時代々々にもまれて生きて来たのですが、敵を作らず、相手と事を構えることを避けてきたのです」

「……」

「鎌倉の北条時代から豊臣秀吉が関東を征服するまでの三百六十年の間は城主でした。秀吉の軍が攻めてくると、この城がお望みなら差し上げます、と言ってさからわず渡したのです。ただ家臣や領民を傷つけてもらいたくない。これだけが条件」

鏑木武盛氏（兄・右）と鏑木道盛氏（弟・左）

「はあ……」

「先祖が居た城は今の本宅のあたりで、城の後ろは山、前が広い湖でした。湖は魚貝類（食料）の宝庫と共に守る側には都合がよく、攻める側には厄介なものだったようです。

江戸時代に五千八百町歩の湖を干拓してからの名前が干潟です。以前は、先ほどお話しした鏑木という地名でした。今はうちの本宅のあたりだけが鏑木の地名になっています」

聞いている二人は、初めは明るい顔だったが、次第に目を伏せてしまった。負ぶった子に教えられるの諺がある。まさにその通りだ。

目の前にいる青年社長が言うのは当たり前のこと。〝交剣知愛〟の教えの通りである。

「……」

二人が黙ったので、鏑木社長は間が持てなくなって、次の話をする。

「さっきお話しした鏑木水軍は干拓する以前の湖と、湖の水が海へ通じる川を通って太平洋へ出たり入ったりしていたようです。

鏑木城は中世の城ですから舘《やかた》と思ってもらうといいでしょう。大きなものではありません。それでもまあまあの武力を持っていたようです。『北条五代記』によると、鏑木氏は騎馬三百、徒《か》歩《ち》千五百、とあります。

『上杉文書』や『毛利文書』によると、鏑木氏の領地は地味肥沃《ちみひよく》、領民はよくなついて、宗家の千葉氏を凌《しの》ぐ力を持っている。加えて強力な水軍を擁しているから攻略は至難、とあるそうです」

二人は困った。短い冬の日は落ちて、外は暗くなりかけている。ぐずぐずしていると時間が経つばかりだ。それにしても剣道家仲間が認識している鏑木さんと、ここで逢っている人は別人のようだ。

「京都の剣道家と先を争うことの手助けは出来ない」と言われれば、使いの二人にはそれ以上の交渉を許されていない。顔を見合わせて頷きあった。

「すみませんが電話をお借りします」

「どうぞ」

「もしもし、渡辺さん、斎藤です」

「ああ、先生ご苦労さんです。今、何処からですか」

「鏑木さんの事務所からです。言い付かってきたことを詳しく話したのです。鏑木さんは貸してくれると言われます。が……」

「おお、そりゃあ良かった。大成功だ、大成功。ご苦労さん」

「渡辺さん、ちょっと待ってください。鏑木さんは遠慮なく使えと言われるのですが、剣道の仲間が西と東で先を争うようなことには使ってもらいたくない。東西が仲良くやって欲しいと言われるのです」

「ええーっ、本当ですか。ううーむ、斎藤先生、その場に社長の弟の道盛さんは居ませんか」

「ここには見えません」

「先生、鏑木さんが言うのが当たり前のことだ。年は若いがありゃ立派な青年だ。が、ここまで来てしまってはあの家を借りる以外に道はない。何とか納得してもらって切り抜けることを考えましょう」

「電話、かわりましょうか」

「いや、その必要はない。ここはわしが出ないほうがいい」

「ほかにいい方法がありますか」

「うう…、こう言ってください。鏑木さん、あなたが心配してくれるのは有難い。実は、京都の方へは礼儀を尽くしてあるのです。遠くから来てもらう方に都合のいい場所を探している。発会式の場所が決まり次第、京都を始め全国各地からの幹部をご招待することになっている。これを伝えてください」

「解りました。そのように言います」

「わしはすぐ柴田先生のところへ行ってこの話をし、二人で相談します。その結果を電話で連絡しますから、二人ともそこにいてください」

あなたたちは遅くなるから教養課へ帰らずに済むよう、今から電話してください」

剣道界きっての切れ者だった渡辺敏雄（のち範士）の独特の錆びついた声がだんだんと大きくなり、ついには広島弁を多発する。

柴田家の玄関は独特の作り方だった。道路からとんとんと数段下ったところにある。

電車とバスを乗り継いだ渡辺敏雄元事務局長は柴田家の玄関へ飛び込んだ。

「今晩は、先生。おうちですか、入れてもらいますよー」

勝手知ったる仲、案内を待たずに柴田範士の居間へ。

柴田範士は先ほどから、使いに出した二人の首尾が気になっていた。そこへ例のしわがれ声が玄関の方で聞こえた。炬燵《こたつ》から立って廊下へ出たところで二人が会う。

柴田範士といえば居所態度や言葉遣いが立派で、この人こそ剣道家、と尊敬された方だった。

渡辺元事務局長も大先輩の家へ案内を待たずに入る人ではない。

今日の二人は挨拶もそこそこに炬燵へ足を突っ込むなり、使いから聞いた鏑木さんのことと、発会式の式場のことを額を合わせて相談した。

気の合う二人だ。結論を出すのに手間ひまかからない。連れ立って電話口へ。

電話では柴田範士が、鏑木社長に詳しく説明し、京都との関係は了解してもらった。

次は、向こうとこちらの電話口の相手が代わった。渡辺対斎藤の会話である。

「渡辺さん、柴田先生がよく話されたのでしょう。鏑木さんは遠慮なく使ってください、と改めて言われました」

「よかったね。これで一安心だ」

「社長はね、先生方は立派なことを計画されました。この際、自分で出来る範囲のご協力は致します、とね」

「ほう、そう言ってくれた。それは有難い」

「これで会場のことが決まったから私たちは帰ります」

「今日は大変ご苦労さんでした。いや、ちょっと待ってください。帰る前に鏑木さんと明後日のことを打ち合わせをしてみてください。お願いします」

電話が切れたところへ折よく、弟の道盛さんが帰ってきた。剣道家四人が明後日の発会式の相談をするのだが、鏑木社長はこの人らしいことを言う。

「先生方、このようなめでたいことは午前中に始まるのが通例でしょう。午前に始まって午後まで延びるのは差しつかえないが……」

そう言いながら弟の方を見た。弟の道盛さんも大きく頷く。

「それは解っているのです。お昼にかかるといろいろな物を用意しなくてはなりません。何と言っても先だつ物がないのですから」

「……」

「先生方の中に疎開したり、焼け出されて地方にいる方が多い。発会式が午後だと列車の都合で帰れなくなる。が、この場合は致し方ないのです」

「皆さんに連絡してあるのですか」

「いえ、聞くところによると連絡方法は、警察の電話で交番や駐在所へ連絡する。交番から先生たちのところへ伝えてもらうことになっているそうです。今日は遅いから無理でしょう」

鏑木兄弟が椅子を立って部屋の隅へ行く。いつもは仲の良い兄弟だが、難しい顔で相談していた。たちまちのうちに話が決まったらしい。

「先生、若い者が出過ぎていたら取りやめにしていただくことにして、いかがでしょう。発会式のお昼の弁当は私に任せていただき、午前十一時の開会にされたらと思うのですが……」

「出過ぎたなんてとんでもない。願ってもないことだと思いますが、これ以上ご迷惑をかけては……、ねえ先生」

「斎藤先生、我々で遠慮していないで、渡辺さんに相談してみましょう」

三

その日も快晴だったという。その日とは、昭和二十六年一月下旬の日曜日。四十年を過ぎた今となっては正確な日は分からない。

午前十時半を過ぎると、東京都内や近県に疎開していた当時の剣道界の最高幹部がつぎつぎと市ヶ谷駅に降り立った。

駅の周辺は勿論のこと、外堀を越えたはるか向うまで、見渡すかぎり一面の焦土。焼け跡にバラックがぽつぽつ見えるだけだ。賑やかだった戦前の町並みは何処にもない。

それでも駅前に立った剣道家たちはおおいに元気、喜色に満ちていた。かつての剣友の顔を見つけ、あるいは先輩の後ろ姿を追い、手を握り、肩を叩き合う挨拶の人の輪が幾つもできた。

この喜びは戦前からの剣道家でなければ解らないだろう。

今日は自分たちの会が、いや東京都剣道連盟が発足するのだ。そして我々の連盟が母体になって全国に呼び掛け、全国組織を創る。ようやくここまで来た。

首都に住み、首都で剣道をやってきた人たちの当然の義務であり、責任でもあった。振り返ってみれば、ここまでの道のりは長かった。終戦当時は永久に剣道が出来ない噂が専らだった。以来五年を過ぎた。この間にいろいろなものが復活した。が、剣道にはそれの兆《きざ》しがなかった。

明らかに駐留軍の誤解である。その誤解が原因で、戦前から鍛えに鍛えてきた人たちに鬱屈《うっくつ》した日々を送らせていた。

中には、駐留軍に気を使いながら隠れるようにして稽古をやっていた人もいたが、晴々とした気持ちで稽古をする日はない。ましてや自分たちだけの組織は持っていない。

いや、組織立った事をしたら、たちまちのうちにMP（駐留軍の憲兵）に連行される。その結果は公職追放にあい、職を失う。

あの時代に職を失った人は惨《みじ》めだ。今日のように転職など出来ない。就職口そのものが少なかったのである。

そんな時代が続いた。が、この頃になると世界の情勢が少しずつ変わっていた。

中国では共産軍が全土を支配し、朝鮮では南北間に動乱が起こり、世界各地で自由主義陣営と共産主義陣営の衝突が相次いだ。そのような情勢のなか、国の内外から講和条約締結の声が盛り上がっていた。

市ヶ谷駅前に出来た挨拶の輪が崩れると、人々の足は一斉に東の方へ向かった。

参会者の大方は、これから行なわれる東京都剣道連盟の発会式の会場が分かっていたらしい。特に警察に勤めていた人たちには見当がついていた。連絡係の交番が伝えてきたのは、大臣横丁の角から二軒目だからである。

市ヶ谷駅前で久々に逢った二人がいた。二人とも故人になったが、この日のことをよく話している。

駅からは世間話をしながら五分ほど歩き十字路まで来て、言い合わしたように足を止め、辺りを見回した。

「佐藤先生、この通りがかつての大臣横町ですよねぇ」

と会津訛で言う。佐藤と呼ばれた人も感慨深げに、

「うーん……、ひどいことになったね。あの立派なお屋敷町がこんなになって……」

こちらは越後弁を丸出しだ。感情が高ぶると出身地の訛が出る。

焼けてはいるが、どの屋敷も五百坪から、広いのは千坪以上もある。

広い屋敷跡に焼けただれた石垣や石塀、倒れた石灯籠などが無残の姿を冬空の下に晒《さら》している。

「先生は皇宮だから、この辺は詳しいでしょう」

「焼ける前の町は詳しかったね。ところで、鏑木さんの家はあれでしょう。角を曲がった二軒目と言いましたから」

なるほど、七、八百坪もあろうか。辺り一面、荒涼とした中に一軒だけ立派な木造が建っている。二人は顔を見合わせ、また話を続ける。

「焼ける前、その角に交番があった気がしますが……」

「そう、巡査たちはこの交番に立つのを嫌がりましてね。この通りの両側は軒並み大臣や高官のお屋敷でしょう。四六時中、偉い方が通られる」

「わしも経験あるが、交番にいて偉い人に通られると、上も我々も緊張の連続でね、嫌なものです」

「この角はどなたの屋敷だったか記憶無いが、鏑木さんの所は、もと総理の若槻礼次郎男爵のお屋敷でした。その後を南画の大家の小室翠雲が住んでいたのを覚えています。小室先生は戦時中に手放したようです。

鏑木さんの隣は中橋徳五郎という大臣の屋敷で、中橋さんのあとを買ったのが中島飛行機の社長です。中島知久平さんも戦時中の商工大臣でしたね。中島邸の先もずっと大臣や枢密院顧問官のお屋敷が並んでいました。ところで斎藤先生、ここはどなたが住んでいたか分かりますか」

皇宮の佐藤貞雄が指差す所は、もとの交番の前の広い焼け跡。

「さて、どなたでしょう」

「ここはね、わしの田舎から出た石油王の中野貫一さんの屋敷跡です。豪勢な構えでした。中野さんの先が三輪石鹸の社長。その先もずらっと高官や大会社の社長の屋敷でした」

二人は立ち話を切り上げ、鏑木邸の門をくぐる。しばらく行くと道は右に折れ、またしばらく歩いて玄関。

広い玄関である。玄関の隣の部屋が六畳間。そこに後輩の受付係がいた。にっこり笑った二人は、

「逸見さん、ご苦労さんです。大変いい運びになり、誠におめでとうございます」

「先生、寒いなか、よくおいで下さいました。さあ奥の方へ」

挨拶を終えた斎藤今朝治がオーバーを抱えたまま受付をじっと見ていたが、本気か冗談か、

「逸見さん、わしも受付を手伝いましょうか」

「ここは僕一人で結構です」

「わしもそこに座ってみたくなったね。逸見さんが羨ましい」

「先生、これでしょう。これね、立派な物ですよねぇ。渡辺先生に受付をやれと頼まれ、ここの主人に机と硯箱を貸してくれといったら、無造作にこんな立派な品を出してこられたのです。驚いたね」

「わしはこの年になるが、紫檀の机に家紋のはいった金蒔絵の硯箱で、ものを書いた経験がない。この先もないだろうなあー」

斎藤は会場に入ってまた驚いた。玄関のつぎは十畳間が二間続き、奥の十畳間の正面に、巾二間の大きな神棚が祀ってある。古代大和錦で縁取りした御簾《みす》を半ばまで巻上げ、御簾の奥の神鏡は白木に雲形を彫刻した台座におさまった一尺二寸丸（直径三十六センチ）の大きなもの。

神鏡の前の祭壇には白木の三宝が五台並び、中央の三宝には瓶子に御神酒《おみき》、両脇に目の下一尺（三十センチ）の鯛と昆布、さらにその脇に果物と野菜が供えてある。

御簾の両脇には三尺（九十センチ）の高張提灯が灯をともし、神棚の具《そな》え方は昔からある吉田神道の正規のものだ。豪勢な神棚だ。鏑木家の敬神崇祖の精神がよく顕《あら》われている。

手前の十畳間の奥にもう一つ部屋がある。間仕切の建具が全部取り払ってあるから実に広い。

合わせて三十余畳、ここを埋め尽くすほどの人が来るかどうか、斎藤は心配になった。

この日の出席者は、不思議なことに早過ぎる人はいない。かわりに遅れた人もいない。十五分くらいの間にそろった。参会者の期待が時間を正確に出席させたのかも知れない。

正面を空けて一同が席についた。右奥の上席に斯界の最長老斎村五郎範士が座り、次席にどなたが座られたか分からないが、この列に柴田万策、庄子宗光、渡辺敏雄などが座った。

斎村範士の向かいの席は空けてあり、二席か三席あたりに佐藤貞雄の顔が見えた。今は出席者のほとんどが故人になられたから当時の模様ははっきりしない。

定刻になると式典が始まった。いよいよ東京都剣道連盟の発会である。

司会は渡辺敏雄元全剣連事務局長。当時は最も若い剣道家の一人だ。渡辺の司会で一同はまず神前に拝礼、続いて開会の宣言。静寂の中に渡辺独特の渋い声が響く。

ただちに議長の選出が行なわれた。これは形式だけで、選ばれたのは柴田万策。議長は主旨の説明と経過の報告を行ない、熱っぽく説いた。

「敗戦によって気抜けになった我が国民に、古来の剣道の復活がきわめて重要であります」

次いで、

「今日、この運びに至るまでに大きな車輪二つの活躍がありました。その一つは同志会の皆さんのご努力、これは言葉で言い表わすことが出来ない並々ならぬことでした。

もう一つは当家のご主人鏑木武盛、道盛さん兄弟と、ご家族の犠牲と努力であります。なお、鏑木さんも同志会の会員であります」

切々と述べる議長の主旨は満場の賛成を受けた。議長は一段と声高らかに、

「本日ここに東京都剣道連盟が結成されたことを宣言します」

参加者はこの宣言が欲しかった。この宣言を聞きたかったのだ。

宣言のあとは、万歳する人、拍手する人、隣の人の手を握って喜ぶ人、しばらくの間は興奮の坩堝《るつぼ》だったという。

最高幹部の祝辞が次々となされた。どなたの祝辞も大同小異、世話人の御苦労を称え、発会の喜びを述べ、合わせて御嶽《みたけ》神社の大前でなされた発会宣言が意義あることだを繰り返す（この日の役員も参会者も鏑木家の神棚と大広間を神社と間違えていたらしい。渡辺敏雄の録音も御嶽神社で発会と何回も語っている）。

参会者が神社と間違えても仕方ない。横二間巾の神棚は神社でもなければ、庶民の家にはない、神社の拝殿その物なのである。

宣言のあとは実務的な打ち合わせになり、東京都内を六ブロックに分け、各地域毎に部屋の

隅に集まってブロックの代表者を選出。ここで選出された人たちが、後の会議や連絡をつとめることになった。

この時に分けられた六ブロックはどのような分け方だったか、残念ながら今は分からない。

会長は木村篤太郎、副会長は矢野一郎と周東英雄、理事長は柴田万策、事務局長は渡辺敏雄の各役員が決まった。

出来立ての連盟だから足腰が弱い。警視庁剣道の関係者が側面から強力に支援する。この責任者が堀口清であった。

めでたく式典が終わったところでお酒と肴にお寿司が配られる。乾杯の音頭はどなたがやったか分からないが、気勢の上がる乾杯だったという。

あとは酒宴に続いて食事となるのだが、この日に参加した人たちの証言から当時の模様を出来るだけ詳しくする。

受付の記録が残っていないので、参加者数も名前もはっきりしない。四十名に満たなかったことは間違いない。というのは、鏑木さんの奥さんが座布団を四十枚、押し入れから出した。これが何枚か使わずに残っていた。

鏑木家ではお酒を十本、肴になる物をかなりの量とお寿司を四十五人前用意してあった。お寿司や肴はきれいに食べてあったが、お酒はあまり減っていない。

お酒が嫌いな人ばかりかというとそんなことはない。皆いける方だった。物が不足の時代だから皆さん遠慮して飲まなかったのかと考えたが、それも違った。

あとで解ったのだが、この日の参加者はどなたも一抹の不安を持っていた。駐留軍に睨まれてきた剣道である。組織を創るといっても海のものやら山のものやら解らない。

その不安があって欠席した人も多いのだが、出席した人たちは理事長や事務局長から組織の構想を聞き、その一方では遠からず講和条約が結ばれ、我が国が独立国として認められるのが明確になった。剣道連盟の前途が洋々たる事がはっきりしてきた。

こうなるとじっとしていられない。お酒を飲んでのんびりしている場合ではない。それぞれが自分の区へ帰って仲間を集め、組織を創らなければならない。

出されたものは頂戴し、腹拵えが出来ると一部が残り、一斉に帰ったのが実情である。

ここで一言付け加えなくてはならないのは、当時の同志会の中堅であり、将来を期待されていた森島健男、河島蔚、小室長二郎、杉本将福、黒嶋一栄、加藤藤太郎、福永篤などの剣士は、若いのでこの日の会に声がかからなかった。

この剣士たちが列席していたら当時の模様がはっきりしたであろう。残念なことである。

四

発会式が済んだ翌日の朝、理事長に決まったばかりの柴田が鏑木家へ顔を出した。戦前からの名剣士は理事長に推《お》されはしたが、当面、何をどうしなければならないか、確たるものを持っていなかった。

無理のない話で、何をおいても先ず発足と急《せ》き立てられていたから致し方ない。

事務局長に決まった渡辺も、この日は落ち着かぬまま足は自然に鏑木邸へ向かっていた。着いたのは事務局長の方が一足先、二人は期せずして鏑木家で会うことになる。

「奥さん、昨日は大変ご迷惑をおかけしました」

理事長は真四角に座って丁寧な挨拶をする。

「先生方はお喜びのご様子、結構なことでした。主人もよかった、よかったと申していました」

「心から有難うございました。我々は今、この言葉以外にお礼の持ち合わせがないのです」

と福岡訛が顔を出す。

「急なことで、何もしてあげられませんでした」

「会場をお借りしただけでなく、大変な散財をかけてしまって、本当に有難うございました。ところで、昨日は皆さんは一斉に引き上げたでしょうか」

剣道家の長尻は戦前からの伝統、理事長は予測するものがあった。

これを聞くと、あとは事務局長が引き取る。

「柴田先生、残ったのは十四、五人かな。わしも残って先々のことを相談した。残った仲間がまたまた厄介をかけてしまった。とにもかくにも鏑木さんがいなければ、発会式にならなかった」

豪放磊落《ごうほうらいらく》な事務局長だが、今日は恐縮、恐縮。

「みんな、その日を食べるのに追われている当節、神社を貸していただくだけでも喜ばなければならない。あれこれと行き届いたことをしていただきました。お蔭様で立派な発会式が出来て大喜びです。聞けば大勢が残って再々のご迷惑、誠に申し訳ありません」

理事長は例によってどこまでも几帳面だ。

「……」

「貸していただく話が決まったのは一日前、しかも晩ですからね。奥さんは忙しかったでしょう。このご恩を忘れるようなことがあっては剣道の看板が泣くねぇー、渡辺さん」

「おっしゃるとおりです。残ったわしたちも遠慮しいしい厄介をかけてしまった」

この家の奥様は新婚間もない。田舎から出てきたばかりの人が、代わる代わるのお礼に、返事が続いて出ない。お客の挨拶につられて何べんも頭を下げる。

「ところで奥さん、ご主人は」

「主人は用があると申して、今朝はやく会社へ出ました」

これを聞くと事務局長が言いにくそうに、

「御主人の留守中に申し訳ないが、ここを少し貸してください。丁度いい機会ですから、柴田先生とこれから先のことを相談したいのです」

「どうぞお使い下さい」

鏑木夫人は嫌な顔も見せずに女中と二人で神棚の前へ行き、席を作り、大火鉢に炭火を入れ、茶の道具を卓袱台の上に置いて戻ってくると、

「さあどうぞ、お気軽にお使いください」

この日もまた快く貸してもらうのだが、結果から見ると鏑木家の迷惑は昨日が始まり。本当の迷惑はこの日から一年近く続いた。発会式の式場が、その翌日から会議場になったり、創立の事務所になってしまうのである。

創立当時の理事長と事務局長が最も苦労をしたのは資金と規約の作成だった。発会式がすんだから形の上では首都東京に剣道連盟が出来た。

頭は出来たが組織的なものは何もない。今日のように各区に連盟が出来ているわけではない。審査や講習会や大会をやれば、経費の点で動きやすくなる。だが、それをやれる状態になっていない。何故かといえば駐留軍への配慮から、講和条約発効後に全国組織の団体を設立して、同時に活動を始める。これが当時の計画だった。

そのようなことだから、東京都剣道連盟としての事業が出来るようになるのは、この時から一年九ヶ月後の昭和二十七年十月十二日、第一回東京都剣道大会の開催を待たなければならなかった。会場は警視庁体育館である。

全剣連は前年の昭和二十六年八月、日光で大会を開き、そのあとで会議をやっている。この時はまだ全剣連としての形をなしていない。準備会のようなものだった。

この時の記録も残っていない。駐留軍に気をつかってすべてを始末したのである。

第一回の総会は昭和二十七年十月十四日、原宿の東鉄職員会館で行なわれた。これが事実上の全剣連の創立総会である。

この間の資金面の苦労は大変なものだった。

(サンフランシスコ平和条約の調印が昭和二十六年九月八日、同条約の発効が翌二十七年四月二十八日)。

鏑木家の迷惑と時を同じくして、渡辺事務局長とこの人の奥さんにも、これまで経験したことのない苦労がかかる。

広島県の良家に育った渡辺夫人が、一度もくぐったことのない質屋の暖簾《のれん》を度々くぐるようになる。同志会以外の人たちはこの辺のことをほとんど知らない。

理事長と事務局長は一方に資金の問題を抱え、他の一方では組織作りと行事の運営をどのような形にするか、この問題に頭を悩ましていた。

戦前にあった武徳会の形態では戦後の実情になじまない。新しい時代にふさわしい規約や行事が必要だ。これの作成を急いで取りかからなければならなかった。

二人はこの日、鏑木家の奥の十畳間で真剣な協議研究を重ねた。

頭の切れる事務局長は、かねてから立てていた組織作りの構想を理事長に説明する。

渡辺は短い期間だったが、武徳会の事務局に席をおいた。このときの経験と、持って生まれた緻密な創造性と先見性が大きな力を発揮する。

事務局長は熱っぽく話す。

「現在は占領下だが、世界の情勢を見るに、ごく近い将来に講和条約が結ばれ、我が国が独立国になることはほぼ確定的だ。その時を想定した展望に立って、私たちは基本的な方針を立てなければならない。

その基本方針にしたがって東京都剣道連盟の規約を作る。私たちがこれから作る規約は立派なものにしたい。ここで作る規約はそのまま、各道府県の連盟の規約のモデルになるものでなければならない。

私たちがここで作る規約を土台にして、これを拡大したものを全国組織の規約にする。これが理想である。

新しい時代の初めに、立派な規約を作るのは首都の剣道家としての責任である」

理事長はこのような理想を述べるが、現実は困ったことばかりである。

当時は占領下だから法的な問題、例えば稽古をする場所だけでなく、連盟の事務所も会議の場所も、公共の施設を使って派手なことをすると、駐留軍から使用禁止の命令が来る。このことで同志会は苦《にが》い経験をしてきた。

一方、剣道がようやく復活の兆しが見えてきた時、一部の人たちは「しない競技」を盛んにしようとしている。

誰の発案によるのか、白の上着に白のズボンをはき、その上に防具を着け、袋竹刀で打ち合うしない競技は、剣道と同一に見ることは出来ない。これを無視するか、あるいは何処かに位置付けるか。これにも配慮が必要になる」

（昨今は、しない競技の名前さえ知らない剣道家が多い。あの当時は駐留軍が剣道を禁止したから、その抜け道としてしない競技が盛んになりつつあった）

事務局長は例によって錆《さ》びた声でとうとうと語る。聞き手にまわる理事長は根っからの剣道家だ。規約や将来の展望となると不得手だ。が、時折り鋭い意見を出す。

四十年を過ぎた今日では考えの及ばないほど難しい問題が山積みしていた。その中での規約の作成だった。

発会式の翌日から二人の議論は沸騰する。喧々囂々《けんけんごうごう》をやっているうちに、この日も十二時を過ぎていた。が、本人たちは気づかない。

女中が入ってきて大火鉢に炭をつぎたし、

「失礼します」と言いながら脇から天井を二つ、卓袱台の上にのせた。ハッとして顔を見合わせる。

「先生、お昼をどうぞ」とうながされて、二人はまたまた恐縮。

先にも述べたようにこの日から、鏑木家の座敷と渡辺家の座敷は東京都剣道連盟の規約作成室に様変わりする。

事務局長は自宅で原案を書くのだが、自分が独断で判断しきれないことや、都内六地域の代表と協議をする必要があるとき、または法律の専門家と研究討議をする必要のあるときは、鏑木家に集まって協議をする。毎日ではないが月に何回か会議を開いていた。

鏑木家は、使わせてもらう方にとって便利だ。都心の一等地で駅から五分、電話に机に何から何までそろっている。使用料は要らない。いや、払いたいのだが肝心のものがない（当時は電話の回線が足りない。新規の加入が難しかった）。

事務用品から諸雑費はすべて事務局長が工面していた。だから鏑木家の方はお借り下されになってしまった。

一般は六畳一間に高い家賃と権利金を払って一家族が住んでいたが、この家は貸すほうも借りるほうも難しいことを言わない。この辺は男と男の信頼。

ところが、男の事業と男同志の信頼の犠牲者がいた。先に書いた事務局長夫人と鏑木夫人である。

事務局長夫人は結婚六年目、鏑木夫人は三年目。若い二人の女性は男に出来ない面、目立たないことで苦労させられていた。文字どおり縁の下の支えだったのである。

連盟が借りた麹町の家は建てたばかりだった。鏑木汽船の社長はそれまで、干潟の本宅に帰れる日は帰ったが、銀座の事務所に泊まる日が多い。この不便を無くそうと、前の年の暮れに完成したばかりだった。

鏑木家を事務所にしているといいことがある。干潟の本宅から米、鮮魚、野菜などが届く。早速料理をして振舞ってもらえる。

今と違って物不足の時代だ。美味、新鮮な食べ物に縁が遠い。それだけに有難かった。こんな状態が一月下旬からその年の暮れまで続いた。

一月に歴史的な一歩を踏み出した東京都剣道連盟だったが、春を迎え、夏を迎えても一般の目には目立った活動は見られなかった。陰では渡辺事務局長を中心に都剣連の規約とあわせて、全剣連の規約の作成が進められていた。

この年の夏の終り頃になると、我が国の外交が俄《にわ》かに世界の耳目《じもく》を集める。講和条約の調印が九月八日と決まり、出席委員の人選が取り沙汰されたからである。

全権の吉田首相らがサンフランシスコで調印をすませ、帰国すると我が国の各界各層は、翌年の条約発効後の独立に向けて急速に活動を始める。

柔道界に立ち遅れていた剣道界であったが、時代の波がひたひたと寄せてくる。

それまで隠れるようにして稽古をしていた人たちは堂々とやるようになる。駐留軍に脅えたり、連盟設立に労を惜しんでいた人たちも、物置の奥にしまってあった防具を出してきた。お互いが数少ない稽古場を渡り歩くようになる。

耐えに耐えていたのだから、こうなると勢いがつく。あちこちに剣友会が出来る。これまで入門者の少なかった町の道場が俄かに人の数が多くなる。

この状態を見ていた事務局長は独特の勘から、剣道は将来大きく発展すると確信を抱いた。同じ頃、鏑木汽船の社長も剣道の将来が薔薇色であることを予見していた。

事態は急速に動きつつあった。家を借りていたほうも貸していたほうもこのままではいけない、と考えるようになる。

事務局長は、社会の情勢がここまで来たら事務所は公的な建物へ移さなくてはならない、今なら移す所はあるだろう。

そう思うのだが、これまでの義理があって鏑木家を断る理由を見出せないでいた。

同じ頃、鏑木社長はこの人らしい考えをしていた。

剣道は将来大きく発展し、教育の面でも社会に貢献するだろう。ここまで来たら公共の建物がよい。適当な理由を見つけてお断りすべきだろう。

十二月に入ると、このことが双方の態度に見えるようになる。ここは潮時と見た鏑木社長が、夫人の出産の準備と、出産後は赤ちゃんの泣き声などが皆さんの迷惑になるから、年内いっぱいで他に移ってもらいたい、と伝えた。

渡辺事務局長はこれを聞くと嬉しそうに、長いあいだの迷惑を感謝して、警視庁の体育館（現在の日本武道館の敷地にあった）へ移転の準備をしたのである。

鏑木社長夫妻も弟の道盛さん（書道家）もおおらかな人だ。このおおらかな人たちが育った鏑木家の歴史を知るのも興味あることだろう。

この家の先祖に千葉上総介がある。上総介の三代前が平良文。良文は男五人兄弟で、平将門の伯父にあたる（将門の父は良持）。

上総介の後裔に頼朝の旗揚げに加わった千葉常胤《つねたね》がいる。常胤の孫の一人が鏑木の地に城を構えた。この人から鏑木の姓を名乗っている。

鏑木氏が千葉氏の後裔だったことを示すものに、千葉市内に最近まで鏑木町の町名が残っていた。ここはもと鏑木氏が所有した千葉の屋敷跡である。

鏑木家は安土桃山時代まで鏑木領（現在の干潟町周辺）八万石を領有していたが、秀吉の関東派兵に無血開城する。城を受取りに来た土肥勝利が堅城を渡してくれるので拍子抜けをしたという。このことは既に述べた。

江戸時代は城主ではなくなるが、干潟辺で大地主として隠然たる力を保つ。

江戸幕府の終り頃になると、何代かは佐倉城主のご殿医を勤める。現在ある豪壮な構えの門は、佐倉の堀田家が許可を与えて作らせたもの。それを昭和の初期に解体修理した（昔は庶民がこのような門を許可なく建てられない）。

佐倉市に今も鏑木の町名が残っている。ここは鏑木八万石を領有した頃の出城の跡である。

幕末から明治になるとこの家に傑物が出る。最後のご殿医は仙安と元悦である。今も伝わる名医仙安は分家で、本家の方は二十四代目を継いだ元悦。二人は堀田正睦《まさよし》（老中）に仕えた優秀な医者だった。

城主の命令で代わる代わる長崎へ行き、蘭学を学び蘭医になる。この時、仙安の弟分の医者が順天堂病院（大学）の創始者佐藤泰然だったというから歴史は面白い。

進歩的な元悦は長男の誠が成長したので江戸へ出して福沢諭吉の門へ入れる。父は誠を医者にしたかったらしいが、師匠の福沢は医者は他の人でもできる。この逸材は国を守る海軍の軍人にすべきだとして、時の海軍の重鎮西郷従道《つぐみち》に推薦した。

物理や係数に明るい誠中尉は、海軍が最初に採用（輸入）した魚形水雷（当時は水雷と呼んだらしい）の発射の責任者になる。ある年の海軍大演習で天皇の御前で、水雷発射の指揮を執ることを命じられた。誠中尉は一世一代の晴れの舞台を踏むことになる。

文武百官が見ている前で水雷は標的に見事に命中した。

明治天皇は大変に喜ばれて鏑木中尉にご乗馬（白馬）をご褒美に下されたという。

日清の風雲が急を告げた明治二十四年、我が国はフランスから軍艦「うねび」を購入する。訓練をかねて日本軍人だけの手でヨーロッパから回航するのだが、東支那海まで来て突然姿を消してしまう。

翌二十五年には軍艦「千島」を購入する。回航の指揮を鏑木誠大尉が執った。

千島は長崎に寄港した後、神戸へ向かうのだが、瀬戸内海でイギリスの商船と衝突してまたも沈没してしまう。九十名の乗組員のうち助かったのは十六名、運良く艦長が助けられた。

二年続けての海軍の失態に国会は勿論、国中が海軍の士気の弛《ゆる》みと艦長の責任を追及する。ついには国会が艦長の自決を求める始末である。

海軍大臣西郷は、鏑木大尉を惜しんで悩みに悩んだ末、明治天皇の御裁下を仰いだ。天皇は「水雷の鏑木を！」と言われたまま処分をお許しにならなかったという。

鏑木大尉はこの時から数年後に佐官に昇進して駐在武官として先進諸国へ次々と赴任する。

明治三十七年二月、日露の戦いがはじまった。鏑木大佐は三月になるとイギリスのロンドンへ赴任を命じられる。

長年の欧米生活で、ヨーロッパの事情に精通していた鏑木大佐は、ロンドンにつくと目立たない活動を始める。同盟国イギリスにいて敵国の情報収集に励んだ。

日露が戦争している最中に鏑木大佐はロンドンにいて、ロシアの情報を確実につかんでいた。

日露は激しい戦いを続けたが、明治三十八年早々に二百三高地が落ち、日ならずして旅順港の要塞も落ちた。

ロシアは制海権の奪還を狙い、併せて戦況を一挙に変えようとしてバルチック艦隊をヨーロッパからウラジオストックへ派遣することに決めた。

この情報が入ると、我が国朝野の動揺はただならぬ様相を示す。これまで日本海に遊弋《ゆうよく》する数隻のロシア艦に、多くの犠牲を強いられていたから当然のことである。

三十八隻からなるバルチック艦隊を迎え撃つ我が海軍としては、露艦がウラジオストック港に入る前に捕えて、撃滅しなければならない。敵艦隊はどの海峡を通過するかが大問題である。

このことの予想で国の内外は騒然とした。

露艦は長途の航海で疲労と病人が続出している。日本軍と戦いたくないと思う。津軽海峡を通るだろうの説を採るもの。

露艦は日本海軍をものとも思わない。対馬海峡を通るとするもの。

我が連合艦隊の司令長官東郷平八郎は、先輩と入れ替わったばかりの新任である。長官は周囲に一言も漏らさなかったが、決戦は対馬海峡と決めていた。

長官に決断を与えたのはロンドンから次々と入ってくる情報だった。

かくして明治三十八年五月二十七日の早朝、東郷平八郎提督が率いるところの連合艦隊は、後世に残る有名な暗号を発し、Z旗を掲げ、対馬海峡にバルチック艦隊を迎え撃ち、東郷ターンの戦法で見事に撃滅してしまうのである。

東郷提督は国運を賭けた大海戦を終わったとき、町に流れる戦勝の悦びを耳にしながら長文の手紙を書いていた。二メートルに及ぶ手紙の宛先はロンドンに駐在する海軍大佐鏑木誠だった。

鏑木大佐は日露戦争が終わると数ヶ月後に帰国する。翌年早々、少将に進んだ。

少将に任官の発表があったとき、千葉市民は提灯行列をして、おらが国から初めて出た将官を祝ったという。

全剣連誕生の隠れた功労者に同志会の会員があることはすでに述べてきた。この会を一言でいうなら、敗戦の逆境のなかから剣道復興に立ち上がった武士の集団というべきだろう。

五

こうして終戦直後の剣道家は臥薪嘗胆《がしんしょうたん》、地に伏すこと七年、ようやく春がやってきた。日に月に全剣連誕生の気運が盛り上がる。当時の剣道家は上から下まで喜んでいた。

ところが、人知れず苦労している人がいた。苦労をさせられる原因は、新組織の事務局の設置を何処にするか、これが大問題になっていた。

京都側は、武は平安の昔から京都が大もと、新組織の本部は京都が当然と主張する。京都側の表に立つ人は小川金之助範士（のち十段）だった。

歴史はそのとおりだからそうしましょうと京都を支援し同調するのが関西の主要な剣道家たち。これと真っ向から対立するのが東京側である。

政治、経済、その他あらゆるものの中心は東京だ。首都に置くべきだ。新組織の本部を京都に置いたら将来、斯界の損失は計り知れない。本部は東京に致しましょう、と。

京都側はこのようなことになると昔から団結が堅い。これに対する東京側の主要な人たちは、本部は東京になるものと決めている。団結してことに当たろうとする人がいない。

いや、その理由は、人によっては別のところにあったのかもしれない。小川範士とやり合いをしたくないということである。

結局、小川範士と渡辺事務局長が長いあいだ、この問題で渡り合うことになる。二人の年は親子ほどの差がある。斯界の位置からして二人は相撲にならない。

かつての武徳会の理事長だった藤沼庄平はその後、東京都長官（知事）を務めたりしたが、この時はもう力になれない。

東西で事務所の綱引きをしている最中のある朝のことだった。京都へ行く支度をしている時、

「今日は小川先生と差し違える」

この一言を聞いた渡辺夫人は、ハッとして夫の顔を見上げたという。

当時、苦しんでいた事務局長の心中が解る。

全剣連と都剣連があい前後して誕生した。その後の発展は人の知るところで多くを述べる必要はない。

三星霜の月日が流れたある日の夕刻、ホテルグランドパレスに沢山の人が集まった。そのある日とは昭和五十六年十月三日のことである。

武徳会解散から全剣連誕生と大きな歴史的変革期に
その手腕を発揮した故渡辺敏雄範士

創立以来三十年の歩みを祝福する日である。午後四時から五時までが記念の式典だった。会長の挨拶、来賓の祝辞、功労者の表彰などなど倉沢理事長指揮するところの式典は見事であった。

続いて行なわれたのが祝賀会。祝賀会も、はなから倉沢流で見事だった。

都内の剣士の代表が会場の入り口はるか手前から両側に並ぶ。並びきれない人は会場内の両側に立つ。関係者一同が整列した所へ功労者が入場。万雷の拍手の中を功労者が進む。

ステージ前の丸テーブルに各功労者が次の順で座った。佐藤貞雄、鏑木武盛、小川忠太郎、渡辺敏雄。

多くの人は年の若い鏑木武盛が、そこに席をもらうことをいぶかった。

宴たけなわになると、ビール瓶を手にした人たちがメインテーブルに集まる。佐藤範士はビールを注ぎに来た人たちに、

「君たちはここにいる人を知らないだろう」

「この方は知っています。鏑木先生です」

「お互い剣道家だから名前は知っているだろう。この人がここに座る理由を知っているかと聞いているのだ」

「……」

「鏑木さんは今日の日の第一の功労者なのだ。その辺のことは、そこにいる渡辺さんが一番良く知っている。なあ渡辺さん」

「佐藤先生が言われるとおりだ。鏑木さんにはお世話になった。あの頃はねえー、佐藤先生。今日のような日を迎えられるとは思ってもいなかった」

「そうだ、渡辺さんにも苦労かけたね。ところで鏑木さんは幾つになった」

「僕の年ですか」

「そう、あなたの年」

「六十を少し出ました」

「まだそんなに若かった……うーん、ねえ渡辺さん、我々が生きているうちにこの人を範士にしなくては」

パスの服用から耳が遠くなっていた元事務局長は何かを勘違いしたらしい。

「佐藤先生、今は立派な範士におさまっているある人が、あの当時にね、『渡辺君、こんな時代になって何が剣道か、今どき防具なんか担いでいると笑われるぞー』。その人が剣道連盟が出来ると我先にと入ってきた」

「あははー、思い出すなー、段も称号も人より先に欲しかった一人だ。それにひきかえ、渡辺さんは遅れたね」

「わしは記録保持者です。範士に決まったのが昭和三十八年、もらったのが五十年」

（同志会の功績については活字になっていることが多いので割愛する）

（特別の場合以外は敬称略）

浮木

今日は二ヶ月に一回の定例稽古日である。稽古が終ったのでシャワーを浴び、着替えていると、N先輩に声をかけられた。

「酒井君、一緒に帰ろう」

願ってもないことだ。

二人は三十分後に、とある縄のれんの客になっていた。

「先輩、関西方面の出張、ご苦労様でした。今晩は向こうの土産話を聞かせてもらえるでしょう」

「うん、土産話ね、いろいろと経験して来たけれど何といってもあの話が最高の収入だね」

と言いながら次の話をしてくれた。

先輩の土産話は、ある道場の師弟の間にあったことである。

日曜日の稽古が終ると、若い人たちから帰って行く。今は佳い季節である。それぞれに用があるからだろう。

この日、A先生のお話を聞きたくて師範室に残った人は十二、三人だった。お茶を一、二杯飲んで渇いたのどをうるおす頃は、道場も師範室も先ほどの喧騒は嘘のような静けさである。その静かな師範室に庭の姥桜《うばざくら》の散り残った花びらが一枚、また一枚と舞い込んでくる。

師範室ではA先生のお話が途切れた。しばらく沈黙が続いている。みんなの沈黙にA先生はなにかを感じたのだろう。軽くうなずくと冷えてしまったお茶を飲み干して、ゆっくりとした動作で卓袱台に両手をついて立ち上がり、「わしの話、わかったやろか……」と先ほどからの説教調とはうって変わった口調で問いかけた。

A先生が立たれると、それまで沈黙していた人たちが一斉に座りなおして頭を下げ、「はい、ありがとうございました」。軽くうなずいた先生は、一番年の若い六段に「では済まんが駅まで……」と言われると、他の人たちもぞろぞろと続いて玄関まで送りに出た。

A先生を送ってそのまま帰った人もいたが、五人はもとの師範室に戻った。先生が帰られて気楽な仲間だけになると、いつものように賑やかである。五人の中の先輩はもう六十にまもない白髪の人。この人は新しい段位の制度が出来たとき、最初の審査で七段になった一人である。が、八段は既に十回も挑戦したが駄目だった。それだけにこの道場では、白髪氏の発言に重みがある。

白髪氏は言う。

「僕は東京のある九段の先生に習ったところでは〝相手の竹刀を押えて打て〟だった。ところがA先生は、相手の竹刀を押えてはいけないと、今日もまた言われた。関東と関西で剣道が違うわけがないやろう。僕は東京の先生の教えが正しいと思う。昔から三殺法の教えもある。皆はそう思わないやろか」

白髪氏の話はA先生の教えに批判的である。

この人の話は理屈に合っているように思える。聞いている四人はそれぞれ違った反応を見せる。既に八段を何回か落とされた二人は、この説に肯定的である。そのうちの一人は、「自分も稽古でときどきそれをやるから言うわけではないが、この場合は白髪氏の説が正しいと思う」と言い、他の一人は頸《くび》を縦に振るだけだった。

まだ八段に挑戦した経験のない若い二人は、かしこまって先輩の話を聞くだけである。年の若い方は、昨年、九州のある町から転勤させられて来た。関西へ転勤と決まって、自分の先生に挨拶に行ったら、先生は、「向こうへ行ったらA先生に習え」と言われてA先生を頼ってきたのである。この人だけは話を聞いているが、顔に薄笑いを浮かべていた。

道場に残った五人は、剣談に結論を見出せたのか、それとも空腹が解散させたのか、それぞれ家路についた。転勤してきたK氏と積極賛成のM氏は帰る方向が同じだったから同じ電車に揺られていた。M氏は電車の中で、K氏にまたまた剣談を持ちかける。

「Kさんは白髪氏の意見に賛成しなかったばかりか、にこにこしていたが、なにか考えがあってのことやろか」と聞いた。K氏はそれには応えず、「今日のA先生のお話は主に誰に向けられたお話だったと思いますか」と反対に聞き返した。M氏はこの問いに、ハッと気付くものがあった。

二人はそれから間もなく次の駅で途中下車して、駅前のレストランの客になっていた。テーブルには空いたビール瓶が三本並んでいるが、一向に腰を上げる気配がない。稽古で汗をかき、その上に空腹である。アルコールの効きがいい、K氏はさかんに話す。九州弁で言葉の馴染みがよくないので、普段は口数が少ないのである。もともと陽気な性格だからアルコールが入ると賑やかになる。そしてさらっとした人柄のためか、際どいことを言われても後に不快感が残らない。

K氏は次のように話し始めた。

「今日のA先生のお話の対象は白髪氏とMさんの二人だと思います。特徴のある稽古を直して、八段になってもらいたかったのでしょう。その気持ちは、とくに白髪氏に強く出されていたようです。それはA先生と先代館長の間柄を考えれば当たり前のことです。またあの道場の順序としても当然でしょう」

K氏は一気にここまでを話すと、M氏の顔を覗《のぞ》くようにして話を切った。M氏がこの先を聞きたがっているかどうかが分からないから中断したのである。

M氏はここまでの話を聞くと、にわかに競争心が焦りになってきた。できれば八段になりたい。それも、できるなら一年でも早い方がいい。せっかくお昼を誘った良い機会だ。レストランの払いは自分がもとう。そうだ、もっと飲もう。この考えが決まると、ボーイを呼んでビールを二本に肴を注文した。

M氏は思った。自分たちは何かを勘違いしているようだ。その間違った考えをこの若い七段が知っているらしい。先ほどの師範室での様子はそうとしか思えない。ここは彼の話をよく聞いた方が得策だ。

追加のビールを飲みながらの話が続く。この日、K氏が話したことをまとめてみると、次に述べるようなことになる。

「自分が田舎にいたときにも似たようなことがあった。物凄く腕力の強い五段がいて、誰彼なしに相手の竹刀を押えて打ってくる。だがそのうちに誰も打たれなくなった。この人をある先生が直してやろうとしたのだが、押えなければ打てないから、自ら直そうとしなかった。五段をとって二十年になるが、未だに六段になれないでいる。自分たちはこの人のことを教材にして先生に習った。

A先生は今日、一刀流の極意の一つに『浮木』というものがあると言われた。A先生は言葉少なに、木を水に浮かべて、片方の端を押せば他方が浮く、今度は反対の方を押せば押した方が沈んで向こうの方が浮く。剣先の攻め合いもそれと同じだ。君たちは相手の竹刀を押えたがるが、あれはいけないことだと言われた。

自分が習った先生はもっと細かく教えられた。相手の竹刀を押えて打てるのは、余程の差があるときだけだ。互角や上の人には通じない。押えられて打たれるのは、相手を打とうとしたとき、押えられて慌てたときだ。手の内を柔らかくして構えたら、押えられて打たれることはない。相手が押えようとしたら『浮木』という法則があるのでこれを使うとよい。『浮木』というのは覚えてしまえば面白いものだ。相手が自分の竹刀の表から押えようとした瞬間、相手の竹刀の下をくぐらせて裏へ廻して、裏から逆に攻め返す。こうなると相手も黙っていないから、反対側を押えてくる。相手が反対側を押えてきたら、今度はこちらはその反対に廻して攻め返す。

所詮、力で押えようとするのだから、これを二、三回繰り返せば相手に隙が出てきて、打つ機会が自然に出て来る。たとえば、これを二、三回繰り返した後、相手に表から強く押えさせる。そのやり方は、相手が押えるのに少し逆らってやる。相手は負けじと押えてくる。その押えっ端を裏から払って小手でもよいし、あるいは面でも突きでも好きなところを打突できる。反対に裏から強く押えさせて、同じ繰り返しで表に廻して表突きでも面でも打突できる。

実のところ、この道場に入門して、なかなか強い方がいるが、ほとんどが『浮木』を識らないのに驚いた。

自分たちが田舎で習ったときも、三殺法の質問をした人がいた。そのとき先生は面白い説明をされた。三殺法には〝相手の竹刀を力で押えよ〟とは書いてないはずだ。どこかにそんな本があったら持ってきて見せてくれ。三殺法に〝押える〟とあるのは、例の腕力五段君が押えているのとは意味が違うのだ、と説明された。

先ほど、師範室で白髪氏が、東京の九段の先生が〝相手の竹刀を押えて打て〟と教えられたと言ったのは聞きとる方の間違いだと思う。現にあの先生の京都大会の朝稽古を見れば、そんなところは少しもない。懸かっていった人は気で攻められて忽ち苦しんでいる。

自分は田舎から来て初めてこの道場で稽古をしたとき、何人かの人たちが竹刀を押えてくるので、おかしいなと思った。A先生が指導をしておられる道場で変なことがあるものだと、長い間思っていたが、今日はその訳がよく分かった」

M氏はもと高校の教師であった。十年ばかり前に奥さんの父親の健康が思わしくなかったので、この父親が経営している小さな会社に入ったのである。

M氏の人柄の良いことは誰もが認めている。また若い頃から稽古はよくやった。だが堅い稽古である。一般に堅い稽古の人ほど相手の竹刀を押えたがる傾向にある。

M氏はこの日、家に帰ってから床に入ったが、なかなか寝つけなかったという。恥ずかしさ、浅はかさ、慚愧《ざんき》、いろいろと重なって寝返りばかりうっていたそうだ。

M氏はこの日を境にして、心機一転、悪癖矯正の激しい稽古を始めた。土台からやり直す気持ちでやった。この年の審査には後二十数日しかなく、未熟を恥じて審査は欠場しようかとさえ思ったという。結果は勿論駄目だった。翌年も三年目も駄目で、五年目にようやく栄冠を手にした。しかし、そのときは既に六十を越えていたのである。

一方の白髪氏はどうかというと、性格にややかたくななところがあって、M氏の意見には同調しなかった。そして六十五才で八段を諦めてしまった。

かすみ

ここ数ヶ月の間、気になっていたが果たせずにいたことがあった。親友の病気見舞である。今日こそはと思って早朝の列車に乗った。地方の市に着いたのは正午近くだった。重病の親友は先が短いそうだ。

その親友が昔を振りかえって次の話をしてくれた。

三月も終りに近いある日のことだった。年を取った先生と四十才になろうかと思われる壮年が話し込んでいた。

「いよいよ来月から東京へ出張することになりました。期間は三ヶ月ないしは四ヶ月となっています。先生もお身体に気をつけられまして」

「前々から話は聞いていたが、君がいなくなると寂しいことになるね」

Tはこの道場に入門したのが小学校の五年生のときだった。それから今日までこの先生について習ってきた。ただ東京の私立大学の四年間と、勤めてから三回の転勤があって、その間を合わせると八年間の空白があった。

今度は転勤ではなく出張ということになっているが、そのまま転勤になることも十分に予想される状態であった。それというのは、兄弟会社が、他の数ある競争メーカーの先頭を切って新型の自動工作機械を開発したのである。Tは選ばれてその機械を操作する技術の講習を受けに行く。

今回の受講生は全国各地にある工場の優秀な技術者の中から選ばれた。

「Tはこの出張から帰ると、一つ上の地位が与えられるだろう。ただしうちの工場長より力のある工場長の所へひっぱられることもある」と親しくしていた総務課員が、そっと教えてくれた。

Tは今度の出張には幾つかの楽しみがあった。大学以来の東京である。旧友にも会える。帰って来ると新しいポストに就いて、コンピューター付きの工作機械の操作を大勢の工員たちに教えることになる。それにも増して大きな期待を抱かせるものがある。それは東京にいるうちに身に付けたいもので、二刀流とどう対戦するかの研究だった。Tが二刀流対策に没頭することになったのは、次に述べるいきさつがあったからだ。

Tの性格はエンジニアらしく合理的な考えが主になっている。その合理的な頭脳は稽古の中にもあらわれる。十数年も前のことだった。四段になるのを待っていたかのように、先生に上段を教えてもらいたいと言い出した。先生は笑いながら「まだ早い」と言って取り合わない。

Tはその頃、上段が有利と一途に考えていた。正眼は一旦振りかぶってから打ち下ろす。それよりも始めから振りかぶっていれば竹刀を打ち下ろすだけでよい。だから上段は中段よりはるかに速い。Tは五段になるとまたも同じように上段を教えて欲しいと懇願した。先生は笑っているばかりだった。

それから間もなく関西に転勤になった。Tは転勤先でも近くの剣友会で稽古を続けていた。そんなある日、懐かしい先生の声が電話の向こうにした。先生は「あさっては端午の節句だから、お休みだろう。出来たら六時までに京都の武徳殿へ防具を持って来なさい」と言われる。

先生は大阪の都道府県大会に来ていてそこからの電話だったのだ。

Tは嬉しかったが、即答できない訳が二つあった。その一つは自分のような年の若い五段が、歴史のある格式の高い武徳殿の朝稽古に行ってもよいのだろうか、ということと、この日は後に結婚することになる彼女とドライブの約束があった。

初めの気がかりなことを先生にただしてみると、そんな遠慮は要らないと言われる。それを聞いて考えが決まった。彼女とはまたの機会がある。わざわざ電話をしてくださった先生のご好意に従おう。

昭和四十×年五月五日は五月晴れの上天気だった。前の日、彼女をなだめたり言い訳をしたりしたが、どうしても承知してくれない。ついに武徳殿へ連れて行くことになってしまった。会社の寮を暗いうちに出て、彼女の家に寄ってから高速道路を走って京都南インターで下りる。武徳殿に着いたのが六時少し前だった。驚いたことに、もう武徳殿の中は稽古をする人でいっぱいである。Tの先生も既に防具を着けて素振りを繰り返しておられた。

Tは人のあいだを縫うようにして先生の所へ行くと、しばらく振りに会えた嬉しさの挨拶をする。ついでに彼女も紹介してしまった。彼女は先ほどから武徳殿の雰囲気に呑まれて興奮の連続である。

早速、防具を着ける。先生はTをうながすようにして連れて行くと玉座の脇、二間くらいの所に立って、最初にTに稽古をつけられた。Tは初めての武徳殿の雰囲気に圧倒されて忽ち息が上がってしまった。Tは終って礼をすると、先生が近寄ってきて、「しばらくのあいだ、わしの稽古を見ていなさい」と言われた。Tが後ろを振り返ってみると、すでに七、八人が並んでいる。

Tの後、三番目の人の稽古の番になった。この人は蹲踞から立ち上がるや、丁寧に会釈をする。それからゆっくりと上段に構えた。Tは、〃ハッ〃とした。先生が上段と稽古をされる。しかも立派な構えの上段だ。先生は相手の上段に対して、いつもよりやや剣先を高くしてじりじりと攻められる。その攻めの中から少しずつ間合が縮まってゆく。相手は苦しくなったか、僅かずつ退がった。やがて後ろに並んでいる人垣で退がることが出来なくなってしまった。

ここで僅かの間、にらみ合いがあって、先生は見事に左小手を決められた。打たれた上段の人は軽く会釈をすると元の位置に戻ってまた上段に構える。その瞬間、先生は半歩間合を詰められた。これはやや近い間合だ。その間合から、今度は上段氏が先生の小手を狙って打ち下ろす。あわや上段の小手が決まったかに見えたが、先生の竹刀の裏鎬に当たって床を叩いてしまった。

ここで二人は改まって構え直す。先生は最初のように攻められると、今度は突きを決められた。それから終わるまでの四、五分間に、上段氏は面や小手を何本も繰り出したが、ことごとく無駄技に終って、決まったものは一本もなかった。

先生は四、五十分くらいの稽古をされた。その間にTも何人かの高段者と稽古をした。この日、朝食は先生が泊まっておられるホテルのレストランということになった。

Tと彼女と先生はそこで話し込んだ。Tは先生の考えておられることも、レストランで話されるだろうそのことも凡そのことは分かっていた。先生の心の広さと思いやりには頭が下がるばかりだった。

Tは先生に、「以前から、教えの中にあった〝かすみ〟とはあれだったのでしょうか」と尋ねた。

先生は軽くうなずくと、「上段を執った相手は誰か分かるかね。君は何回も見ている上段だよ」と言いながらTが思索する間、隣りで硬くなっている彼女に話しかけて、

「T君から聞かれたかもしれないが、T君はね、以前から上段を習いたがっていたのです。この人の素質を見ると、わしは上段や二刀遣いはやらせたくなかった。考えを変えさせるのに時間がかかったが、最近は素直にわしの意見を聞いてくれて、今は上段や二刀を打つ研究に熱心になりつつある」と言ってから、Tに、

「あの上段は全日本選手権で活躍したA君だよ。彼とは約束があってね。毎年五月五日の朝稽古で手を合わせることになっている。わしがあそこに立つとAは必ずどこからか来て並ぶ。わしは彼が並んでいるうちは止めない。Aも研究熱心でね、面白い奴だよ。わしに向かって、先生は僕の親父と同年だから先生より僕の方が長く生きる。先生が元気なうちに、一度でよいからあの〝かすみ〟を外して打ってみたいと……」

先生は彼女にあのように言われたが、実を言うと上段を諦めていたのではない。それどころか彼の合理主義は上段を身に付けたら、その次は二刀も習いたいと思っていたのだった。Tはこの日を境にして上段を諦めた。

二刀はやる人が少ないから分からないが、Tの考えは彼らしく単純だった。一本より二本の方が有利だろう。片方で防いで片方で打てばよい。二刀も諦めがついた。

Tはこの日、先生から上段を打つ要点を習った。教え終った先生は別れ際に、

「T君の素質ならいま教えたことは身に付くのに長くはかからない。関西にも上段遣いが沢山いる。さっき教えた〝かすみ〟にはいったら、必死になって外そうとすれば、その上段は少し出来る人だ。T君は年が若いのだから、相手が〝かすみ〟を外すこともしらずに、ただ打たれてばかりいる人とは長くやらない方がよい。そのような恰好だけの上段を相手にして、長く楽しんでいると自分も駄目になる」

Tは心機一転してこの日から上段を攻め崩すことに熱中した。結果は先生が期待したとおりになった。三年後に彼女と一才の子を連れて郷里の工場に帰ってきた。

さて話を元に戻そう。それから年月が過ぎ、今のTは二刀遣いをどう打つかを研究している。ところが困ったことにはこれをやる人が少ない。それだけにはかばかしくはなかった。また先年の京都のような恵まれたこともないまま今度の出張を迎えることになった。

先生は愛弟子の出張のはなむけにいろいろと話して聞かせた。

「広い東京ではあるが、本格的な二刀を遣う人は少ない。抜き出たのはOとKの二人だと思う。先ずあの二人と稽古ができる縁を作ることだ。次は稽古の内容だが、二刀は小太刀でこちらの剣先を押えてから打って来るに決まっている。君は初めはさんざんに打たれればよい。そこから生きた知恵が生まれる。

二刀を相手にするときの要点は二つある。小太刀に気をとられないことと、相手が上段から打ち下ろすのを摺り上げておいて、相手のやや左面に近い所を打って決めることだ。二刀を相手にするときはこれが最上である。このことは言葉で話せば二つになるが、表裏一体になっている。そのときの竹刀の動かし方は英語のSという字を逆に筆を運んだかたちに自分の竹刀を動かす。そうやって打つと決まる」

Tは一言も聞き洩らすまいと緊張して聞いた。

数日後のことである。Tは都心から外れた某区にある会社の研修所に入った。この新しい部門の研修所に集められた社員は二十名だった。

Tが勤める会社は代表的な大企業だった。都心にある本社にも都内に散らばっている各事業所にも剣道の仲間は沢山いた。名前だけだが剣道部もあった。実業団の大会に出場する以外は活動らしいことはしていない剣道部だったが、その剣道部の人たちにTの長期出張が伝わっていたらしい。Tが研修所に入ってはじめての土曜の夜、剣道部の人たちが集まってTのために歓迎会を開いてくれた。

Ｔは集まった人たちを見て驚いた。そのほとんどが知らない顔だった。しかも十数名全員がＴより後の入社である。Ｔの先輩にも剣道をやる人は沢山いたはずだった。その人たちはすでに役職に就いている。役職に就いたらここに居る人たちや今の自分のように剣道に熱中してはいられない。

Ｔは自分にも遠からずその日が来ると思った。会社での出世は嬉しいには違いないが、今のように剣道に熱中していられるのはこの出張が最後の機会かもしれない。Ｔはそう思うと一種の焦りに近いものを感じた。

ささやかな歓迎会が始まると話題は当然、剣談になる。そしてその剣談の中心はＴとＴの師匠のことになる。ここに集まった人たちはＴの師匠の話を聞くのが楽しみの一つだったようだ。Ｔはそのことに気付くと、何か土産話をしてやらないと悪いような気持ちにかられて座り直した。

「僕の師匠はみんなも知っての通り、剣道の社会では有名です。今の話の様子では師匠の話に関心が高いようだから師匠の話をしましょう」ときり出すと後輩たちは大喜びである。

この日、Ｔが話して聞かせたのは古い話になるが、先にも書いた、Ｔが関西転勤中に見た京都の武徳殿の朝稽古のことだった。師匠は上段では有名なＡ氏をものの見事にあしらってしまった。その模様の説明である。

Aは誰もが知っている人で、得意な上段で全日本選手権で鳴らした人だった。T自身も師匠とAの朝稽古を見るまでは、上段や二刀が正眼より有利だと考えていたこと、機会があったら習いたいと思っていたことなどを話した。

そして師匠に度々上段を習いたいと申し出たが、その度に何だかんだと口実を設けてやらせてもらえなかった。しかし今は師匠の配慮を有難く思って感謝している。

あの日を境に、上段と二刀相手の対策に工夫を重ねてきた。幸いなことに最近はTの上段対策が実りつつあることを師匠も認めてくれた。先頃は「T君もようやく霞（かすみ）が身に付いた」とほめられた。

そのすぐ後に東京出張を命じられた。今度の出張は大変嬉しい。この出張期間中に自分の上段対策を完全なものにしたい。それには東京で多くの上段と稽古をすることだと思う。師匠が言われるには「上段を十分にこなすことが出来れば、二刀も上段と同じだから」とのことだった。東京には上段でも二刀でも有名な先生が何人もおられる。短い出張期間だが、是非とも沢山の稽古の機会が欲しい、と言って長い話を結んだ。

Tの土産話は歓迎会の空気を一変させる効果があった。酒の手を休めて次々と質問が出される。質問は勿論、上段にどう対処したらよいか、その秘訣についてである。Tはその質問には適切に答えなかった。後輩たちが言っていることがあまりにも幼稚だったからである。聞いているうちに察せられたことは、この青年たちも上段に苦しめられているなということだ。Tは苦笑した。そうだ、自分にもそんな時代が長かった。

後輩たちの質問があまりにも熱心なのでTは少し話してやろうかと思ったが、また考え直してやめてしまった。自分としては師匠から習ったことの説明は出来る。だがしかし、ここに居る人たちに、あの説明をしてやっても霞を理解するのは無理だろう。Tがここに居る人たちの中で稽古を見たのは四人でしかない。そのうちの古参の一人は恐ろしく堅い剣道だった。堅い人には所詮、霞などという難しいことは無縁だ。

いろいろと質問をくり出してきたが、Tの答えは一つだった。「霞は言葉では説明出来ない」。Tが適切に答えてやらないので、中にはTに自信がないから話さないのだろうなどとささやく者もいた。またTがホラを吹いて引っ込みがつかないのではないかと疑った者もいたようだ。

そのうち歓迎会の閉会近くになって、三名の幹事が席をまわっていろいろなことを取りまとめた。その結果を代表の幹事が次のように説明した。

T先輩の土産話は、先輩剣友の歓迎会にふさわしい最高のものだった。我々は今まで上段を執る相手にさんざん苦しめられてきた。いや、痛めつけられたと言った方が本当だ。その反動でここに居る人たちの誰もが、一度や二度は上段を習おうと考えた。

さんざん上段に苦しめられているとき、T先輩が土産話の中で「霞という法を身に付けたら上段を相手にしても楽にこなせる」と今までに聞いたこともないことを言われた。我々にすれば闇夜に明りをもらったようなものだ。只今、幹事の間で相談したのだが、Tさんが東京出張中にその霞という秘訣を教えてもらいたいと思う。幸いなことにTさんは会社でも剣道でもはるかに先輩で、我々とは段も開いている。我々としては同じ会社にT先輩がおられることを喜び、先輩から是非習いたい。

我々の剣道は誰に習ったとも言えないようなものであって勿論、師匠と呼ぶ人はいない。T先輩には小学生の頃から入門した立派な師匠がある。しかも武専出身で九段候補と聞いている。

T先輩の今度の出張は三、四ヶ月だそうだ。T先輩は先ほども言われたように、この出張期間中に自分の目的を達成するには期間が短すぎると思っておられる。そのことを我々の方から見れば、先輩から習うことが出来るのは三、四ヶ月でやはり短すぎる。

先輩はこの出張が終れば今の任地へ帰ってしまわれる。いや、そうと決まったわけではないかもしれない。実は本社の人事から小耳にはさんだことだから大きな声では言えないが、今度の研修生は全国の事業所からエリートを集めたのだそうだ。ところがこの研修が終わるのをねらって全国の各事業所のトップ達が本社の人事に研修生の引き抜き合戦を始めているそうだ。人事がいうには研修生の中の優秀な人から順に、ウチの会社の一番弱いところへ送り込むのだという。

ウチの会社の弱いところといえば関西だ。T先輩は奥さんの実家のある関西へ行かれるかもしれない。Tさんに関西へ行かれてしまったら我々には習う機会がなくなってしまう。すでにここに居る人たちの中にも転勤のうわさの出ている人もいる。そこで幹事の間でまとめたのだが、次に述べる計画に賛同して欲しい。

その計画というのは、二週間後の日曜日にX区の体育館で稽古をする。勿論、T先輩にも来てもらう。その区の体育館で常時稽古をしている人たちの中に上段を得意とする七段が三人いる。この三人は都内の大会に選手として出ている人たちだから皆も知っているかもしれない。Aは自営業の五十歳、Bは公務員で四十一歳、Cは旧財閥系の某社に勤める三十九歳でT先輩と同年。Cが勤める会社と我が社とはライバル関係にある。幹事のS君がこの体育館で稽古しているから細かいことの手配は十分に出来る。ここに居る人たちは勿論、今日出席していない剣道仲間も誘って沢山出席してもらいたい。

Tも喜んだ。早速、東京の人たちと稽古が出来る。だが、相手が全部七段というのは物足りない気がしないでもない。というのは師匠から聞いた名前が三人の中になかったからである。しかし広い東京のことだから、どんな立派な上段がいるか分からない。この機会に良い稽古が出来れば次々と紹介してもらえるかもしれない。

その当日は大雨だった。一行十二名は三台の車に分乗してX区の体育館へ出かけた。十時半に少年の稽古が終わり、成人の稽古になった。Tがその区の幹事と交わした挨拶や元立の稽古のことは飛ばして話を先へ進めることにする。

Tと最初に稽古したのはAだった。Aは長身で相撲取りにしても恥かしくないような立派な体格だが、堅い剣道の見本のような人だった。

Aは上段から先ず面に来た。Tは僅かに踏み込んで表から摺り上げて逆胴を一本。Aは堅いから摺り上げられた瞬間、やや横を向いてしまった。二本目は小手に来た。Tはこれも僅かに踏み込んで裏鎬で摺り上げて見事な面。相手の竹刀は床を叩いた。

Aは最初の二本をきれいに返されて焦ったか、上段からしきりに打ち下ろすが、ことごとく捌かれてしまう。Aはその間に、上段に構えたままの左小手と咽喉に突きを何本も決められてしまった。この頃になると会社の人たちだけでなく、多くの成人が見学している。その中で見せたTの相手上段の小手を押えながら大きく踏み込んでの諸手突きは見事だった。

Ａは一本も決まらないので自分の上段では相手に通じないと思ったのか、途中から中段になった。だが、上段で自信を失った後の中段ではＴには通じない。Ｔは潮時とみて止めた。

次に相手を申し込んで来たのはＢだった。Ｂは先ほどのＡよりは堅くはないが、上段としては更に幼稚なものだった。始めから終わりまでＴに押されっぱなしで、後退を続けながら技を出すために一本も決まらない。

Ｂは敵わないと見るや、公務員らしく体面を重んじてか、長い稽古はしなかった。この日、Ｃは稽古に来ていなかったので、ＡとＢとの稽古でこの日の上段との稽古は終った。

Ｔと会社の仲間たちは体育館の駐車場に車をおいて、近くの中華料理店に上がり込んだ。汗をかいた後のビールは美味い。たちまち利いてくる。

そこでの話題は当然、Ｔの上段相手の稽古のことになる。いや仲間たちはビールを飲む前から、やや興奮気味だった。今までこの体育館で稽古をしていたＳなどは最も興奮している一人だ。

Ｔはしばらく黙って飲んでいたが、頃合をみて皆に説明を始めた。聞く方は真剣な顔つきばかりだ。先日の話とは違って、つい今しがたお手本を見せられたばかりである。このときのＴの話を要約すると次のようになる。

Ｔは元立をしているとき、すでにこの区の人たちの力量が分かったという。この人は三段くらいかなと思って聞くと五段だという。次の人は四段くらいかと思って聞くと六段だという。五、六段ならもう少し間合について分かっていてもよいと思った。この人たちを相手に上段を執っていたのなら定めし楽なことだろう。Tは元立をしているときに次にやる上段の程度を察することが出来た。

今までは霞については言葉で説明出来ないと言ってきた。しかし今日はよく見ていただろうから少しは説明出来る。しかしその前に上段を相手にするのだから、上段について知っておかなければならないことがある。

上段は見た通り体中隙だらけの構えだ。自分は隙だらけにしておいて一撃で相手を倒す構えだから、こちらは相手の上段にその気迫が満ち満ちていないと見えたら後はどうにでもなる。

次に相手の上段が本物か、あるいは見よう見まねの上段かを見破るには、上段に構えたときの左右の手の力の配分を見ればわかる。師匠が言われるには「左手は弓の如く、右手は弦の如くあれ」だ。両手はピンと張っていなければならない。それだけに上段は中段に構えるより疲れる。疲れないような上段は本物ではない。中段から攻める場合は相手の両手が張って、こちらにかぶさるような気迫であったら十分に構えをよくしてゆかねばならない。今日は霞について多くを話しても覚えきれないから一つだけ教えよう。その一つは実に重要なことだ。

先ず蹲踞から立って相正眼になる。上段をよく出来る人は、ここでやや相手を後退させるか、または苦しめておいて上段にかぶる。上段を執る方としては、中段から上段に構えるまでが最も危ない機会だ。そこを見のがしてはならない。相手が上段に入ろうとした瞬間、半歩踏み込んで相手の左手首あたりに剣先をつけてこれを放さない。これが霞に入る最初の手順だ。

ところが霞を知らない人は相手が上段に入ろうとすると自分の方から半歩退いてしまう。これでは上段の思うツボだ。霞を習う前にみんなは、いま教えたことを繰り返し練習してもらいたい。いま述べた状態の中から打たれてもよいから、ただこれだけの練習をしておいてもらう。これが出来たら次のことを教えよう。

Tの話に酔ってかビールに酔ってか、どの顔も興奮で赤くなっていた。

Tも仲間の研修生も毎日が多忙だった。研修の内容が難しく、学習することが盛り沢山である。その中から月に二回や三回は土・日の休日を利用して家族に顔を見せに帰ってやりたい。

Tは仲間の研修生よりもさらに多忙だ。会社の剣道部員が代わる代わる稽古の誘いに来る。今晩こそ断ろうと思っていても夕食が済む頃には寮の前に車が停まる。知らず識らずのうちに乾かしてある稽古着に手が伸びてしまう。

そんな六月のある日、昼の休みに剣道部の幹事から電話があった。次の日曜日に最初に稽古をしたX区の体育館へ行って、前回同様に会社の剣道部員に稽古をつけてもらいたいがどうだろうというものだった。Tは快く承知した。出張も残るところ二ヶ月だ。そんな機会でもなければ部員と揃って顔を合わすこともないだろう。

その日は梅雨の晴れ間のむし暑い日だった。一行は前回より二名増えて十四名。Tがこの日稽古に誘われたのには隠れた事情があった。その事情とは、前に来たとき、この区の幹部のAとBが上段を執ってTに翻弄された。そのことは区内の剣道仲間に大きな反響を呼んだ。上段に一方的に打たれていた人たちにとって、Tの稽古は驚異的なことだったのである。その話がCの耳に入った。Cは生来高慢なところがある。AとBが他所から来た人に打たれたと聞いて、俺なら打たれないと豪語して、いつもの調子でAとBの上段を批判した。そのくらいの人だから幹事のSの顔を見ると君の会社のTを連れてくるように、と言い続けていた。

Cが闘志を燃やすのには幾つかの理由がある。自慢の上段で他所者を打ってAとBの鼻をあかしたいのもその一つ。CはTと同年で七段も同じ年の春、京都で合格している。両者の生立ちは対照的で、Tは既に述べたように田舎の市の生まれで地方の道場で習ってきた。Cは生まれは南九州だが育ったのは東京で、剣道を習ったのは勿論東京である。

首都に住み、首都で稽古をする人にはそれなりの自負がある。Cのように高慢の性格は人よりなおさらその点が強く出る。田舎者が、どんなに立派な先生に習ったからとて何ほどのことがあろうかと半ば見くびっていた。

二人が勤める会社はライバル同士で、全国至る所で顧客の奪い合いを演じていた。もう一つ悪いことに二人の職種も差があった。Tは技術系の数少ないエリート、Cは保安課に勤めている。Cが対抗意識をむき出しにする条件が揃っていた。

この日も六・七段が元立の稽古が終ると高段者の稽古になった。CはTのところへ来て「お願いします」と言うと自ら先に歩き出して元に立った。これを見たTは、自分は元に立つことをすすめられても辞退するつもりでいたが面白い人もいるものだと苦笑した。勿論、この時はCがそれほど対抗意識を持っていることなど知る由もなかった。

二人が稽古を始めようとすると、それまで稽古をしていた人たちは止めて観戦する側にまわった。見る方にも興味のある稽古だからである。

二人は蹲踞からゆっくりと立つと、剣先が触れるか触れないかの間合で対峙する。この間合からCは左足を前に出して上段に入ろうとした。その瞬間、Tは正眼からやや剣先を上げながら半歩前に出てCが上げようとする左小手を上から押える攻めに出た。剣道形五本目の平正眼である。ここでCの上げかかった手が止まる。Cは上段の最も弱い所を攻められて上段に構えることが出来ない。ここで左足から大きく一歩、二歩と後退してようやく正眼に構える。Cが構え直したときはTの剣先が最初の間合に迫っている。このときすでにCは大きく詰められてしまった。

それから両者正眼で僅かの間、攻め合いがあったが、Cはやはり上段に入ることが出来ない。ここでTはわざと剣先を右に少し開いて相手に上段を執る余裕を与える。Cはしめたと思ったか、また左足を出しながら上段に構えようとするとTはすかさず、さっきと同じように一歩踏み出しての平正眼。Cはまたしてもたまらず一歩、二歩と後退する。ここで攻め合いの中からTがまたも剣先を開いてやると、今度は右足を退いてようやく上段を執った。だが上段に構えたとはいうものの、そのときは既にTの剣先が平正眼で左小手の先、四、五十センチのところに迫ってジリジリと詰めて来ている。こうなるとCの左小手は完全に殺されている。

Cは前に出ることは勿論、打つことも出来ない。後には道場の壁際に柔道の畳がうず高く積まれているからこれ以上は退れない。ここまで詰めたTは正対よりやや右の方、つまりCの左小手に向かってさらに間を縮めてゆく。我慢しきれなくなったCは左小手を打たれるのを恐れて僅かに左の肘を後に引いた。その瞬間、Tが大きく踏み込んで豪快な諸手突きを決めた。C

は突かれる寸前、左手を後に引いたから体重がやや後ろの足にかかった。そこを諸手で突かれたからたまらず飛ばされて、左肩が後ろの畳に強く当たった。日頃から高慢なCにとっては、この突きは耐えられないものだったろう。

二人は中央に戻って再度、三度と同じことが繰り返された。Cが何とか一本取りたいと焦って技を出せば出すほど、前回のAとBのようにTの思うがままに摺り上げられたり返されてしまう。なかでも時々見せる逆胴は見事だった。

Tは頃合を見計らって自分から稽古を止めた。終って二人があいさつをした時、Cは全身汗でびしょ濡れだが顔面は蒼白であった。

Tの仲間は揃って体育館を出た。部員たちは誰が言い出すともなく足は前回の中華料理店に向かっていた。ビールを飲みながらの剣談は盛り上がる一方である。一人がTに質問した。「先輩、あれが話に聞いた霞ですか」。Tは笑いながら「霞ねぇ、霞とまではゆかんね。〝か〟だけだよ」

この日、Tが話したことを要約すると、Tは先ず部員たちに前回ここで教えたことを練習したかと聞いた。つまり自分がさっき見せたように、相手が上段に入ろうとするその機をとらえて平正眼で僅かに前に出るということである。

幹事のSが口を切った。「Tと立ち会ったA、B、Cの三人と自分は同じ区だから何回も稽古をした。その都度、Tに習った動作で入ると三人とも嫌がるのがよくわかる。しかしその後は同じように打たれてしまう」という。Tはそれには答えず、次のことを教えた。上段と対戦する時は先ず心構えを決めてかからなくてはならない。相手は隙だらけの構えで捨身でいるから、こちらは守ろうという考えを持ってはいけない。それどころか一ヶ所を相手に与える気持ちにならなければいけない。つまり面なり小手なりを捨てて「打ちたかったら打ってくれ」の気持ちが必要だ。こちらは平正眼で間合を詰めている。平正眼という構えは昔の人はよく研究して創り出したものだと思うが、あの構えで攻めながら間合を詰められると相手はこちらの小手を打つことが出来ない。無理に打ち下ろせば肩に当たるか、外れて床を叩いてしまう。そうなることが分かれば、こちらは面を空けて「さぁ面が欲しかったらどうぞ」という気持ちになればよい。

この心掛けを持ってもらったら次は技の説明になる。この前は上段に構えた相手の両方の手の力の配分を見て本物かどうかを見破ることを教えた。今日お相手願った先生を例にとると、あの方は右手はそれほどワシづかみではないが左手がひどいワシづかみだった。当然両手の関係は弓と弦というわけにはゆかない。前回お相手願ったA、B両先生も似たようなもので、この区の方は筋道を立てた上段を習っていないことが分かる。

そのような上段がこちらを牽制しようとしても気勢が乏しいからどうするかというと、上段に構えたまま両手を僅かに下げて「打つぞ、打つぞ」の仕草をするか、または上段から上体を左に曲げてこちらの小手を狙う仕草をする。S君が打たれたというのはこの牽制に冷静でいられず、心の動揺を相手に見せたからだ。

さて霞の説明だが、僕の稽古をよく見ていたから説明は簡単だ。さっき僕が最初の突きを出す前の場面を思い出してもらう。C先生は僕に平正眼から小手を攻められると肘を後に引いた。霞に入るにはそこをすかさず突きを攻める。突きを攻められると上段は左小手を下げて咽喉をかばう。咽喉をかばえば上段の構えが崩れる。上段は構えが崩れたら隙だらけになるから慌てて後退する。その時こちらは相手が退るのを安心してはいけない。退き端をとらえて相手の左、こちらからすれば右の方へ僅かに踏み出して上段の左小手を攻める。これを交互に二、三回繰り返すと左上段に構えた竹刀の延長線までこちらが回って更に小手、突きを交互に攻める。相手は小手を攻められたときに自分の小手の陰にこちらの姿が半分隠れてしまうから、向き直ろうとすれば今度は突きが空いて突かれそうになる。こうして少しずつ間合を縮めてしまえば、あとは突きもよし、小手を打つのもよし、立往生させて壁際に押しつけて動けなくしてしまうもよし、どうにでもなる。

ここで大事なのは霞に入ったら間断なく攻めまくることで、気を抜いて相手十分に構え直させては不覚をとる。だが僕はこの区の三人の先生にはそこまでしなくてもよかった。相手が苦しんで面白いほど早打ちの技を出してくれた。ただ皆もよく知っておいてもらいたいことだが、上段相手の場合は初太刀を確実にモノにした方がよい。これは相正眼にも当てはまることだが、上段を相手にする場合は特にそれが言える。

昔の人は平正眼という立派な構えも創ったが、霞とは面白い名前のつけ方ではないか。僕は今回、東京に来て霞で攻め立てた相手には出会っていない。

それから二週間後のある日、たまたま部員の一人が公休をとった。そして私用が午前中で済んだので、研修所が終るのを待ってTを車で日本武道館で行なわれる全剣連主催の合同稽古会に連れて行ってくれた。Tにとっては願ってもないことだった。

T達が着いた時は既に稽古が始まっていた。武道館の観覧席で仕度をしながら場内を見ると、八段で上段が一人と二刀を遣う人が一人いる。Tは師匠に聞いた話を思い出した。東京に二刀を遣う八段は二人いる。AとKだが、Kは東大出でまだ若いがよく遣う。

身仕度を終ったTが急いで一階に降りて見ると、二刀の先生は先ほどとは違った所で稽古をしていた。八段があまりにも大勢だからだろう。大道場の中央近くで始めていた。Tは急いで並んだ。垂れネームを見るとK先生に間違いない。Tの前に三人並んでいた。Tのすぐ前の人は東京の隣県の人で昨年八段になったばかりの若手である。いよいよ、その八段とK先生の稽古になった。

K先生は左手に小太刀を持ち右手は太刀を上段に構えている。はじめK先生は小太刀で隣県の先生の剣先を軽く押えてはゆるめ、押えてはゆるめを繰り返しておいて、機を見て相手の出頭を大きく踏み出して小太刀で押え、右手の太刀で面を決める。この繰り返しだから隣県の八段はどうすることも出来ない。面と小手を打たれっぱなしである。時々突きを見せるが、ほとんどがかわされてしまった。

次はTの番だ。Tは今の稽古をよく見ていたから師匠の言われたことを実行してみようと思った。だがTは立ち上がると忽ち間合を詰められてしまった。そして小太刀に気をとられている間に見事な面を立て続けに三本とられた。それに、気付いて見ればずいぶん後退している。四回目に構え直すとき師匠の話を改めて思い出した。「小太刀に気をとられるな。小太刀にさからってはならぬ」。Tはここで思い切ったことをした。相手の小太刀が自分の剣先を押さえようとする瞬間、自分の剣先を大きく下げた。するとK先生は右手の太刀で面を打ってきた。この片手面は外れて肩に当たった。Tは〝ここだ〟と思った。次の機会も思い切って剣先を下げると竹刀を少し回して、相手が面に来たのを摺り上げてやや横面に近い面を打った。この面にはK先生も驚いたらしく面の中の顔色が変わるのがよく見えた。

Tはこの日の夜、師匠に長い手紙を書いた。勿論喜び一杯の手紙である。

ここでこの話の年月が一気に飛ぶ。この出来事があってから既に十年近く経っている。Tの師匠は故人となられた。故人といえば二刀を遣う有名なA、Kの両八段も亡くなられた。X区のCも鬼籍に入って数年経つ。Tの身にも大きな変化があった。東南アジアの工場次長で赴任して過労から肝臓を患い、危うく一命を落とすところだった。今は剣道が出来る身体でなく闘病生活をしている。

ベッドに横たわるTが淋しくいう。

「山田君、最近は上段を執る人が少ないそうだ。良いことじゃないね」

と言うと、長話に疲れたか、軽く目をとじた。

機会と間合

秋山剣友会では春と秋の二回、老先生を招いて講話を聞くことにしている。このときの話は少し変わっていた。話し下手な先生は、とつとつと次のようなことを聞かせるのだが、話のもとは門弟がもらしたものである。

一週間振りで稽古に集まった人たちが脱衣場に入ると、雑談で賑やかである。ここはある市のとある町道場。日曜日の午後のことだった。館長は若い人たちと一緒になって少年たちに稽古をつけている。この時間に来てゆっくりと脱衣場で世間話をしているのは、年輩の六、七段数人だった。

古参のKは警察の助教から署勤務に廻されて十余年を勤め、一昨年定年になって退職した。助教時代にこの町に僅かな土地を買っておいたのが幸いして、後に家を建てて住み、今は気楽な毎日である。

K達が世間話に興じているところへ珍しい人が入ってきた。Oである。Oは七十才を少し出た人で隣町の高級住宅地に住んでいる。親の代は小地主だったが、土地は農地解放でほとんどなくなった。Oは私立の某大学を出てから保険の代理店を始めた。家業は順調だったから、一時は母校の剣道部の監督をしたこともあった。今は仕事を息子に任せて残った不動産からの収入と年金の生活だ。これもまた気楽な毎日を楽しんでいる。Oは今でもまとまった小遣いが欲しくなると、旧知やその息子を廻って保険を勧めて歩く。この日、KはOを見つけると、早速冗談口を叩いた。

「Oさん、珍しいね。Oさんが来ると、この五月晴れが雨になるって皆が心配していますよ」

Oは切り返す。

「K君はわしの顔さえ見れば同じことをいう。それは何回も聞いた台詞《せりふ》だよ」

そんな空気がそのまま脱衣場から師範室にも持ち込まれた。OはKにいう。

「K君、この間の京都はどうだった」と尋ねた。するとKはこう答えた。

「僕は、ますます剣道が分からなくなった。今迄に何回も受けたが駄目なことは自分でも分かっていた。だけどね、今年は良かったんです。立ち上がると、相手の気持ちがよく見えた。そして相手が苦しまぎれに小手に来たからうまく抜いて面に出た。二本とも奇麗な抜き面だった。僕はあれ以上の面はないと思ったのです。

二人目はもっと良かった。相手が打ちたくて打ちたくて入って来て竹刀を押えて小手に来た。そこを抜いて面を打った。次も同じようにやってきたから同じ面を決めた。その後で審査長の〃止め〃でしょう……。相手の二人に一本も打たせなかったし、打ち過ぎてはいけないという話だから二本ずつ打ったら、後は我慢して打たなかった。見ていた人たちも良いと言ったから、今年は間違いなく一次は通ったと思ったんです。正直なところ、発表を見なくても良いくらいの自信だった。それが……。あのときはもう剣道なんか止めてしまえと思ったが、また考え直したんです」

Kは京都から帰って十日の間に会う人毎にこの話をした。今日もまたOに身振り手振りで話して聞かせた。他の人たちは聞き倦《あ》きて興ざめ顔でいるのもおかまいなしである。

Oは聞き終って軽くうなずくと例によって自説を語り出した。

「K君、それは残念だったね。僕も何回も経験しているんだが、どうも審査をする人たちの話を聞いていると、言っていることと実際は違うよ。僕はおかしいと思うね。講習会なんかでは先革と先革が結ばれるようなところから入っては駄目だと教えながら、自分たちの稽古はそんな稽古じゃない。教えられたような間合から面を打てと言われても届くわけがないんだ。届かないから最も近いところの小手を狙って打ってしまう。

僕は大学の先輩に毎年同じ注意を受けて、とうとう八段の審査に行かなくなったんだ。審査員が自分で出来ない間合から打てと教える。言う方も無理だと思うね。あの辺が剣道の分からんところさ。僕は試合には強かったから今はもう八段に未練もないし、羨《うらや》ましい気もしないね」

Oが話すことも、ここに居る人たちは何回も聞いている話である。事実、Oは試合に強かった。決まり技は全部小手だった。Oは大柄ではないが横巾のある体で、一時は剣道を止めて草相撲に熱中した時代もあった。

Oの腕力の強さは定評のあるところで、重い竹刀でグイと押えられると、ほとんどの人は驚くと共に手元を上げる。そこを小手に決める。そのうちにこのやり方にひっかからなくなると、Oは考えた。二回、三回と押えてから小手に出る。当然、間合が近くなる。このようにして小手に決めた時のOの顔は、面の中で無邪気に童顔にかえっていかにも満足そうだった。人の良いOの童顔を見て、打たれた人は腹も立たないでいる。Oの剣道は、そんなくり返しだから何処でも歓迎されなかった。この話に後日談があった。

場面は変わって二週間後、ある道場の師範室のことである。

先日、あの道場でKとOの会話を聞いていた一人がここの道場の門弟だった。あの日の二人の話をそのまま老師匠に伝えて意見を聞いていた。老先生は一部始終を聞き終ると呆れ顔で隣に座っている老友をかえりみた。師匠の友人は話を引き取って、まずKの話から次のように話して聞かせた。

「八段というのは、この社会では最高のものだ。その審査に抜き面を打つなどということそのものがいけない。あれは若い頃、私が巡回教師をしていた時代に入ってきた。稽古熱心なところを汲んで助教にしてやった男だ。未だにそんなことを言っているようではものにならない。わしはその審査を見ていないから言いようがないのだが、Kの相手が小手を打ってくるとする。そのとき、相手が小手を打つその前があるはずだ。また近間で小手に来たら退って面ではなく、摺り上げて面を打つべきだ。何よりも近間に入られる方が悪い。

またOさんの場合……、あれは古い剣道家だが、当てることが剣道だと勘違いをしている。大学の監督をしているとき、学生がみんなOの真似をしてくれて困った。先輩たちが相談して監督を辞めてもらったと聞いている。八段を五、六回落とされたとき先輩に連れられて、わしの道場へも二、三ヶ月来たのだが、間合を直す気がなくてどうしようもない人だった。

先革と先革がわずかに交わるところで攻め合ってから、相手が苦しくなって出て来るところを踏み込んで打つ。あるいは攻め勝って打たせて返す。これを教えてもそれでは届かないと言って聞かなかった。Oは相手と攻め合ってからの出頭を打てない。いきなり間合を深くして相手を見てから小手を探りに来る。剣道は技を出す前が大切なのだ。Oにはその意味が理解できない。あそこの館長は若いからだから、あんな連中に偉ぶった講義をされて困ってるだろう。君もこれからの人間だ。どこへ行っても歓迎される上位者になってもらいたい。迷惑がられる上位者が多い昨今だからね」

妙義道場　郷士訪問秘話

四十歳前後の三人が師範室に残って何事か相談していた。一人は初めからにこやかに笑みをたたえ、他の二人は額にしわを寄せ、ときには腕を組んだりして考え込む風だった。お互いは遠慮の要らない仲らしく、言葉は簡潔で通じるようだ。そのうちに笑顔だった人が手洗いへ立つと、あとの二人は顔を寄せ、小さな声で「また館長にお金を使わせることになるね」「うん、大勢で行くと目立たないお金がかかるからね」。後は二人とも黙ってしまった。

ときは昭和三十年四月の中旬、場所は東京小石川区小日向町にある妙義道場の師範室。館長といわれた人は長井武雄氏で他の二人は館長と少年時代からの剣友だった。

戦後の剣道復活に長井氏と妙義道場が果たした功績は大きい。だが今はそのことを知っている人は意外と少ない。

長井氏は大正四年生まれで、学校を卒えると、彼の郷里群馬県出身で一代の雑誌王とまで言われた野間清治氏を頼って上京し、野間氏の会社、講談社の社員となる。主に少年雑誌の編集にたずさわり、ようやく仕事が出来るようになった三十歳のときに終戦を迎えた。

終戦と共に世の中がいっぺんに変わった。長い戦争で国民の全てが飢えていたのである。衣食住に不自由していただけではない。活字を読むことにも飢えていたのだった。質の悪い紙に、内容のひどい本が、つくるそばから飛ぶように売れた。だが、つくりさえすれば売れる出版界にも大きな隘路《あいろ》があって、紙の供給が思うようにならず、製紙工場も戦争の被害を受けていた。その上、原料の木材も思うように集まらない。電力も不足だから、停電も続いて起きる。紙は戦時中から配給制で、それが戦後まで続いていた。戦時中と違うのは一社当たりの均等割が何％、実績割が何％となっていた。

長井氏は毎日出社しても楽しくなかった。つくりさえすれば売れるのに活躍する場所がない。ところが、出版界全体が紙不足で困っているとき意外なことに独立する人が相次いだ。紙の均等割があるからだ。それを見込んで独立する。あの当時に独立して、今は大を成している人もいる。

長井氏にも奨める人があって独立することになった。郷里の先輩の会社を円満退社した長井氏は、妙義出版社を創った。社名の妙義は彼の郷里の名山妙義からのものである。妙義出版社は社長の努力と本をつくる勘の良さに加えて、郷里の群馬から若くて質の良い労働力を十分に供給できたから創業以来順風満帆の状態が続いた。まさに当ったのである。

青年実業家長井氏は夢中で働いて、社業が安定したとき、自分が少年時代からの剣道家であったことに気付いた。そして再び剣道をやりたくなった。だが焼野が原の多い都心で、社会人が仕事を終ったあとで稽古が出来る所は無かった。近くの講談社には立派な道場が焼け残っていたが、戦争被害者が幾世帯も仮住まいをしていたから使えない。長井氏は昔からの剣友たちと相談して、自社の敷地内に立派な道場を建てた。道場の名前も社名と同じく妙義道場にした。これは昭和二十七年のことだった。同じ年に渡辺敏雄元事務局長（範士八段）等の懸命の努力によってようやく全日本剣道連盟が発足している。

長井氏は道場の建設に入ると持田盛二、増田真助、小川忠太郎などの各先生方に、門生の指導をお願いした。当時、四十代には中野八十二、望月正房等の先生方の顔も見られた。これだけ立派な先生方が居られる道場は全国広しといえども他にはなかった。当然、道場も一大盛況を見たのである。長井氏のその頃は、その生涯で最も充実した時代であった。

妙義道場を建てた三年目のお正月の十一日、鏡開きに館長の昔の剣友が郷里からひょっこりと訪ねて来た。彼は鏡開きの末席に加えられてその盛況ぶりに驚いてしまった。その晩は長井氏の自宅で一泊して、翌朝帰るとき別れの挨拶をしながら田舎者らしいことを言いだした。

「君はもともと勉強が出来たのだから東京に出て成功して良かった。俺は昨日の鏡開きを見て驚いた。帰って田舎の剣道仲間にどう説明したものかと考え込んでしまった。口下手の俺の話を信用してくれるかどうかだ。もしうまく話が出来て信じてくれたとする。そうすると俺が彼らに怒鳴られるような気がするんだ。彼らは言うだろう。立派な先生方が沢山、おらが町の上州から出て妙義道場に居られるのだから、そろって一度郷里へ来てもらうようになぜ話して来なかったか。役立たずめ、もう一度行って来い。このくらいのことは言うだんべ。おらぁこの寒いのに二度も三度も東京なんぞ出て来るのは真っ平ごめんだ。なあ長井、そうなるに決まっている。こういうときは上州のくそ義理堅いのも善し悪しだなぁ」

長井館長は笑いながら聞いていた。旧友は言葉をついで「そこで物は相談だが……、俺は無い知恵をしぼって色々と考えたのだ。どうだろう長井、俺がお願いしたことにして、先生方におそろいで郷土訪問稽古に来て下さる約束を取り付けて来た、ということにしてくれまいか」。館長はとうとう大声で笑い出した。「そんなことを田舎へ帰って話して、田舎の仲間が君の話を本気に聞いて、俺の所に催促が来たときどうする。〝僕は知らん〟とは言えまい」「そこは長井、君と俺とは兵児帯《へこおび》の頃からの友達ではないか、うまくやってくれ。幼な友達だんべ。ああ、おらぁ汽車の時間が無くなった。頼んだぞ〜」

長井氏は旧友の後ろ姿を見送って、年を取ったなぁ、五十にも見える……と惜別の感傷に、いつしか頼まれた事は忘れてしまった。

ところが三月中旬、筆書の立派な招待状が郵送されて来てびっくり仰天。旧友は帰ったきりハガキ一枚よこさないでいながら、その間に田舎の剣友と語らって、郷土訪問の稽古会の日時まで決めて招待状を送って来たのだ。今日と違ってその当時は家毎に電話があるわけではない。長井館長は見事に一本取られてしまった。冒頭の一節は旧友たちの招待状をもとに、館長と二人の親友が何回も協議を重ねている一コマだったのである。

京都大会が終った五月下旬のある土曜日、早朝上野を発つ列車に乗った一行は十四名、みんなが群馬県出身ではない。持田、増田両先生が行かれるとなれば付いて行きたい人も多い。一行は前橋で郷里の人たちと稽古をした。上州の剣道人が喜んだことはいうまでもない。昼食は渋川の旅館に決めてあった。なぜ渋川まで上って昼食にしたか、その辺りのことは当時の参加者に生存者が少なく、はっきりと分からないのだが、多分前橋も焼野が原で食事をする良い所がなかったのだろう。この日の昼食は東京からの一行と地元の友人知己に、群馬県の著名な剣道家も加わって賑やかだった。

一行が到着して広間に入ると旅館の女中が幹事を迎えに来た。幹事は東京組から二名、地元から二名の四名で、昼食の飲み物等を相談するために帳場の奥の一室に案内された。地元の銘菓にお茶を飲みながら幹事としての用談が済めば剣談に花が咲く。「おい東京、お前さん方、剣道強くなるわけだよ」「どうして」「おら生まれて初めて日本一の先生に懸かっていったはいいが、

妙義道場玄関にて（中央に腰かけているのが持田盛二範士、その右が増田真助範士、左端が長井武雄館長）

まるでお宮の大木に立ち向かっていったようなものだった。はじき飛ばされてしまう。お前さん方は、あんな強い先生に稽古をつけてもらっているんだもん、強くなるわけだよ」

話の仲間に旅館の主人夫婦も加わって賑やかである。剣道を全く知らない旅館の夫婦に、四人の幹事は代わる代わる郷里出身の持田先生の話をして聞かせた。高潔なお人柄、古武士の再来を思わせる所作や歩き方、昭和四年の御大礼記念の天覧試合の模様や賜杯の名誉等々を話して聞かせた。同郷の先輩である持田先生の自慢話を宿の夫婦に聞かせたのである。

昼食が終ると東京組はバスで山を越えて伊香保温泉へ、地元の人たちは解散して家路についた。伊香保には戦前、講談社の保養所と道場があったのだが、この当時は敷地や建物を町に寄付して残ってはいなかった。一行の中の持田、増田両先生をはじめ講談社に勤めていた望月、戸井の若い剣士たちには伊香保はなつかしい所だった。戦前は伊香保の道場でさかんに汗を流したのだから忘れられない土地である。

持田先生は旅館に着くと窓外の景色を見て、やがて静かに座ってお茶を飲んでいた。同行の人たちは、先生がお風呂に入られないので遠慮していると、持田先生は「私は少し休んで外をゆっくり眺めさせてもらってから入ります。皆さんどうぞ」。タオルをぶらさげた人たちがぞろぞろと階下の浴場へ消え、そこへ入れかわるように二人の幹事が階下の帳場で夕食の飲み物の打合わせを終えて帰って来た。幹事の一人が「先生はお風呂はまだですか」「私はゆっくり休んでから入れてもらいます。幹事の方々、色々とご苦労様です。もう用は済みましたか」「はい、何かご用で」「では丁度よいから少しお話を」「はい」

二人は膝を並べて座り直した。このときの持田先生のお話の要旨は次のようなことだった。

「郷里の旅館の人たちに私のことを宣伝してはいけない。知っている人は知っている。知らない人は知らないでよい。知らない人にまで、わざわざ知らせる必要はない」とおだやかな口調で淡淡として他人事のように話される。幹事の二人は座ったまま、だんだんと頭が下がって、返事をするのにも頭を上げることが出来ない。この時の二人には僅か五分くらいの間だったが何時間にも感じられたという。同郷の英雄を案内して来たのだ、多少の自慢はしたくなる。ところが持田先生はそれさえいけないと戒められる。折りよく風呂から上がった人たちが帰って来たので幹事は助かった。先生は下からの足音を聞くと、「あなた方も朝早くからお疲れでしょう。お風呂に入りなさい」

幹事はこのときのことを終生忘れないという。勝てば勝ったで、打てば打ったでそのことを話したくなり、負ければ負けたで、打たれれば打たれたで言い訳の一言も言いたくなる。いわゆる剣道天狗の多い世の中、持田先生の教えは後世の我々に多くの教訓を垂れられている。

後日談になるが、渋川の旅館での話がどうして持田先生の耳に入ったか。後年その旅館に泊まった同行の人が見て来ての想像だが、四人の幹事が話に花を咲かせた部屋の隣が大広間と裏表の続き部屋で、そこに東京からの一行の荷物が置いてあった。持田先生は非常に体に注意される方で、平地の前橋から山の中の渋川に来て気温が低いのに気付かれて、荷物の中から用意して来られたチョッキを一枚、重ね着をするために取りに入られ、そのときに小耳にはさまれたのだろうということである。

審査員の目

佐々木君は永年の念願がかなって家を新築した。学校の先生のお給料で家を建てるには大事業だ。当然各方面にお世話になった。設計も建築許可も友人が安くしてくれた。大手の建築会社に勤める友人が良い大工を紹介してくれた。お祝いも沢山頂戴した。

せめてもの落成祝にささやかな記念品を配りたい。たまたま名古屋近くの市にいる友人が、記念品は名入れの焼物が良いと教えてくれた。細君と相談して記念品は焼物と決め、友人を頼って焼物の注文に行ったところが、その友人が面白い話をしてくれた。

「もしもし、Aさんですか。あっ、A君だね。元気かい」

「はい、先生ですね。先生もお元気ですか」

「お蔭様でね。家内を亡くした時には、気落ちと看病疲れから、周りではお盆が一緒になってしまうかと心配したそうだが、今は元気だ。まだまだ稽古をしているよ」

「そうですか、それは何よりです。今日は東京のお宅からですか」

「いやいや君の隣町のT市からかけている」

「えっ、T市からですか？　T市までおいでなら是非私のところでお泊り下さい」

「ああ、有難う。実はねぇ、末の娘婿が勤めの関係で三年前にこちらで建売りを買いましてね。そこに居るんだ」

「ああ、そうでしたか。あの町は良い町です。T市でも海に近い方でしょう」

「そうそう、ここは良いところだね。特に冬から春は申し分ない。昨年の冬にも来てしばらく泊っていたんだよ。そのとき中学生の孫に君の話をしたら、中学校は知っているがA先生は知らないと言ったので、今回は名簿から君の電話をひかえてきた」

「そうですか。懐しいですね。お目にかかりたいですね。いつ頃までご滞在ですか」

「再来週いっぱいだ。実はね、上の孫が嫁に行くことになってね。来週の日曜日に名古屋で結婚式をあげる。その日の夕方の新幹線で帰ることにしている」

こうしたことから、師弟の長電話が続く。老九段の話には依然として尻上りの関東訛が残っている。

Aの妻君は夫にかかってくる長電話には慣れている。大概は問題のある子の父兄からで、これは中学教師の仕事の一つといってよかった。彼女はAの二期後輩で、今は小学校の教師をしている。既に三児の母親で毎日が多忙だった。彼女はこの日も夫にかかってきた電話にはつきあっていられない。子供たちと食事を済まると、さっさと買物に出て、帰って来てみたら夫は冷えた酒を前に腕を組んで何か考えごとをしている。

「あら、あなたどうかなさったの」

妻に声をかけられたAは、ハッとして向き直ると、

「お母さん、ご協力を頼む。特別支出」

「えっ、またぁ、今月はお金が要るのよ。来月、雄三が入学でしょう」

Aは予算獲得のめどが立つとそれからの行動は早かった。食事は後にして、先ず名古屋では有名校のうちに入るK中学の教師をしている二期先輩のSに電話した。Aは先輩に自分の計画を打ち明けると、先輩も大賛成で協力するという。先輩は言い足した。

「その行事は名古屋でやれ。会場と懇親会は俺に任せろ。君の分担は先生を引っ張り出すことと稽古仲間を集めることだ。少なくても十二、三名は欲しい。俺に一つだけ条件がある。君より後輩は呼ばないことと、既に七段を取った者は呼ばないことにしよう。君は同期と一期先輩だけを集めてくれ。俺は俺の同期と先輩に声をかける。この条件を君の仲間にも伝えておいてくれ」

受話器を置いたAは先輩の焦りを知った。S先輩も落第を重ねているから無理もない。いやいや人ごとではない。自分の後輩からも七段が何人か出ている。AはS先輩に電話してよかったと

思ったが同時に、稽古会を先輩の学校でやられたのでは、先生の送り迎え等を考えると困るなぁとも思った。

この話は今から約二十年余り昔のことである。このときの老九段は既に故人である。晩年は難聴で苦労されたが独特の指導方法を持っておられた。習った学生の中には逸材を多く出しているが、一方、この先生の独特の教えの意味を理解することができずに、迷剣士で終った人も多い。この頃の名古屋とその周辺は七年前の伊勢湾台風から立ち直り、折からの好況と相まって非常に景気が良かった。

この日、東京の大学出身のAとSの呼びかけで集まったのは十六、七名だったという。人数がはっきりしないのは、時間の都合で稽古だけで帰った者も何人かいたからで、反対に稽古の時間には間に合わなかったが、懇親会だけの者もいた。

Sの中学校の体育館で行なわれた稽古の内容については今は分からない。が、懇親会の前に老先生が講話と座談で話された内容ははっきりしている。参加者の一人は今も尚、このとき習ったことを、後輩たちに教える教材にして、故人の受け売りに余念がない。この日の老九段の講話の大筋は次のようなものだったという。

「聞けば今回は同窓生でも七段に合格した者は参加していないそうだ。世話人はなかなか面白いことを企画した。『段』という制度には良い面と悪い面があって、そのことをここで講義する必要はないが、悪い面を排除して良い面だけを剣道社会で守って運営すればよい。今は持田先生や斎村先生のような立派な方がおられるから制度の運用では悪い面は見当らないが、世の中が変われば悪い部分が出て来るだろう。

そのことはこれくらいにして、今日集まった者のほとんどは学校の教師と教育委員会の職員だ。三人ばかりが会社員だそうだが、今日、皆と稽古をしてみて分かったことは大学にいたときより進歩している者が少ない。一律には評価はできないが、最もよくないのが高校の教師で、次が中学の教師だ。これはどこでもいえることだ。稽古相手になっていてすぐ分かる。会社員になった中の一人は実に良い。

振り返ってみれば、ほとんどの人は大学を出て十何年間も進歩がなかったということになる。四、五、六段で足踏みをしている間にみんなの剣道が悪い方へ、悪い方へと行ってしまった。名古屋を中心にこの近県には立派な剣道をする人が沢山いる。が、一方では全日本選手権大会を見れば分かるように、この近県から選ばれてくる選手の中には剣道の良くない人もいた。あの人たちの影響を受けたかどうかは分からないが、皆は大学で習ったことを思い出してみれば、審査で落とされる理由が思い当たるだろう。

今日の仲間で七段に合格するとすれば、会社員になった中の一人だけだろう。折角、呼んでもらって辛辣《しんらつ》だが、話はこのくらいにして、後は座談で答えよう」

Sは自分の中学校で耳の痛いことを言われて赤くなっていた。そのSを救うように司会のAが先生に希望を述べた。

「先生、二ヶ月後に京都へ行く者がほとんどですが、それについて気付かれたことを注意して下さい」

京都とは七段の審査のことである。その審査について老先生は静かな口調でこう語った。

「自分は年だからあと二回で八段の審査員はしないことになっている。六、七、八段の審査は合格者数に差はあるが、見る要点は同じだ。受験者は審査場に来てから良い剣道ができるというものではない。普段の稽古が大切だ。

自分は住む所も生まれも持田先生に遠くないから持田先生に師事し、心酔してきた一人だが、あるとき持田先生と増田さん（真助・天覧試合優勝者）が野間道場の朝稽古で次のようなことを話しておられたことがあった。増田さんが垂を締め終って『今日は気に入らんなぁ』とつぶやいた。愛弟子のつぶやきを聞かれた持田先生は『増田さん、ここまで来てからでは遅い……』。

これだけを聞いたのでは何のことか分からないだろう。増田さんは立派な心懸けの人だから垂を締め、下腹に力を入れて気を込める。増田さんはそのことを習慣にしていた。たまにではあるが、『今朝は気に入らん』という癖があった。その日は気力が充実していないらしい。持田先生がそれでは遅いと言われるのは、先生は道場の玄関に立ったとき既に気持ちを引き締めてから中に入られる。だから持田先生は稽古する相手と礼をされたときはもう相手の心に勝ってしまわれている。

皆の今日の稽古を見ていると、何のための礼で、何のための蹲踞か分からない。ただ習慣的にやっているだけだ。礼、蹲踞、立会う、この僅かの動作の中に審査員の目が光るようなもの、あるいは審査員の胸に伝わるものを持っていなくてはその後の技は見てくれない。つまりそこに至っていない者は見る必要がないということだ。

次の欠点は打ったとき腰が入っていない。手先で打っている。君たちは学生の頃、この話は何回も聞いたかも知れないが、今日〝道〟と名の付くもので一番きびしい修行をするのが相撲だ。相撲は腰から作ってゆく。あらゆる武術もスポーツも腰を作っていない者は進歩しない。

剣道はもともと刀法から来ている。腰の入らない切りつけは、間違うと自分の膝をかすったり足の指を切る。馬庭《まにわ》念流をとやかくいう人がいるが、良いところがある。馬庭は腰を入れて打つことから始めている。皆の中には及び腰で手先で打っている者が多くいる。これを直さなくてはならない。

その次は間合だ。持田先生が話されたところによると、先生が京都で修行されたとき、師匠の内藤先生の教えは間合については徹底されたそうだ。持田先生も斎村先生の稽古も先革が触れないくらいのところから始まる。誰かの本によると同輩や上の人にはやや遠い間合、下の者には近い間合とあった。そのことはその人の考え方で仕方ない。剣道社会では上のない持田先生でさえ誰とでも遠い間合から始まる。そこから心の攻め合いになる。刀にたとえるなら刃先が交わる前に気持ちの上で相手に勝つ。そして刃先が交叉したときは既に勝負ありだ。

面白い話を紹介しよう。茨城県の小川町に井坂という中学の校長がいる。この人は剣道をやらないが、天狗党の研究者（『ひたち小川、稽医館と天狗党』の筆者）である時、私に『先生、剣道は刀法と聞いたが、今の剣道はそれとは違うのか』と質問した。井坂校長の話すところによれば、『幕末の頃、小川町の廃城跡に水戸藩の空倉庫が幾棟もあった。そこに五百人からの天狗党が集まって、毎日剣道をやっていたという。師範は北辰一刀流の千葉道場から派遣されて来た人で、千葉道場の塾頭級の真田範之助と、南部藩で問題を起し、何人もの人を斬って脱藩してきた一刀流の遣い手、山田一郎だった。この二人の師範は稽古では絶対に鍔ぜり合いをさせなかったことと、相手と対峙する距離を小川を挟む（水田の用水堀のことか）くらいからジリジリと攻め合うことを教えていた』ということだった。

この井坂校長の話には私の方が恥かしかった。君たちの間合を見ると、蹲踞のとき既に中結まで入ってしまっている。この間合からの剣道を下道の剣という。稽古は上道の剣でなくてはならない。

ある年の八段の審査で末席にいた審査員が一人だけ合格をくれた組み合せがあった。合格点をもらったものは近間から何本も良い打ちをした受験者だった。その審査員は翌年から審査員にしてもらえなかった。八段の審査は特に厳しいから立ち上がっていきなり竹刀が十センチ以上も交叉するような間合に入った方も入られた方も落第だ。刃先が触れるか触れないかのところで機会をとらえる。そこで出頭をとらえての先《せん》を取ってもよい。また相手の退り端を追って行き止ったところを打ってもよしだ。そのときの法にかなっていれば的確に当らなくてもよい。審査は試合でもなければ地稽古でもない。試合的地稽古だから与えられた時間内に必ず一、二本打つ機会がある。そこを打てばよい。無駄打ちはいけないが、さりとて一本も打たないでは合格しない」

老九段はここで天狗党の強さに触れて「私は高崎藩の生まれだが、高崎藩は下妻の戦いで天狗党に惨敗したので、その年の秋、下仁田では反対に待ち構えていた。このときも壊滅的に負けてしまうのだが、高崎藩の剣道指南が天狗党の十五才（数え年）の少年、野村丑之助を散々もて余し、自分も浅傷を負いながらようやく相手に深傷を負わせたことがあった。これも十五才の少年の間合が良くて打つ機会がなかったからだという言い伝えがある。君たちは人の子に教える立場だから刀法から外れた間違った稽古はしないように」

後日談だが、この日集まった人たちの大半が次の審査で合格したという。

斎村先生と持田先生の教え

C先生はある事情から持田先生と二人きりで話したいことがあって、警視庁武道館を訪ねられた。

当時の警視庁武道館は、後年、秋の六・七段の審査会場に使われ、今の高段者に思い出の多いあの建物とは違う。C先生が訪ねられたのは古い道場で、この話があってから六、七年後に取り壊されてしまった。今はあの建物を知る人は少ない。

C先生は玄関で若い助教に会われた。「K君、持田先生にお目にかかりたいのだが……」

「分かりました。稽古が終りましたからいいと思いますが、僕がご都合を伺ってきます。少しお待ち下さい」といって走り去った。

ここでその当時の警視庁剣道について少し説明すると、主席師範が斎村五郎先生で、次席に持田先生がおられた。この二大先生の他にも立派な先生が沢山教えられているのだから、当時の警視庁の教師、助教といえば強い剣道の代名詞みたいなものだった。彼らは何処で稽古をしていても目立つ存在で、戦前からの激しい稽古で鍛え上げられた人ばかりである。毎日の稽古の内容も今日のそれとは全く違うもので火の出るような激しいものだった。

ただ全体としては立派な稽古の人が多かったが、助教の中には癖剣の人も沢山いた。そして立派な剣道をする人も、癖のある人も自分独特の技を持っていた。だから内部の試合になると、面

白い演武が見れたのである。二、三を紹介すると——、

九州出身の○×という助教がいた。小柄な人で、これでよく助教が務まるなぁと思わせる人だったが、彼も独特の癖剣の持主で、試合は滅法強かった。彼と組み合わされた人からは必ずといってよいほど嘆きが出る。

彼の特技というのは、余人の真似の出来ないもので、小柄の彼は立ち上がるといきなり剣先を開いて近間に入る。彼は剣先や鎬で攻め合う戦法はとらない。こうして相手が面に打ってくるのを誘って次の技に出る。普通の人が相手が面に来たのを胴に返すには、竹刀の中心か中結あたりで受けて胴に返す。ところが○×のは違う。相手が打って来た面を自分の右手の柄を握ったあたりで受け止める。が、右手が柄を握ったままで受けたのでは手の甲や四本の指が外から打たれてたまらないから、相手の竹刀が当たる瞬間、四本の指を開いて柄で受ける。

ここまでなら面を打った相手はそれほど驚かないのだが、○×のは芸が細かく出来ている。相手が打って来た竹刀と、自分の柄とを一緒につかんでしまう。面を打った相手は受け止められてシマッタ！　と思った瞬間、自分の竹刀が動かない……。あわてて引き戻そうとする。そこで○×はタイミングよく右手の指を緩めてやる。相手はタッタタッタッと後ずさりする。そこを追って面や小手を打つ。

書けば長いが、この動作を一瞬のうちに、しかも熟練した中でやる。○×はこればかりを連発するわけではない。正常に受けて正常に胴に返すことも上手だった。剣道としては陳腐なものだが、小柄で足捌きが良いから警視庁の猛者連も手を焼いた。

また□×という助教も特技の持主だった。彼は稽古も特徴あったが、毒舌の方も達者だった。この人のは足捌きが良いから打つと見せては相手の出頭を誘うのが上手で、相手が打って来たところを後退して小手や胴を取る。これの連続だから広い道場を何処までも退る。相手になる人は面白くないが、本人は一向に気にしない。彼の口癖は、「俺は中野（八十二・のち範士九段・故人）にだって打たれはしない」だった。

この日、C先生の使いに走った助教も特技があった。彼のは摺り上げ面だ。上背はないが、横幅のあるガッシリした体でやや半身に構える。当然、姿は立派とはいえない。彼はこの構えから剣先の上下幅を大きくして対峙する。相手になる人は、半身で剣先の上下幅が大きいから剣先の下り端に面が空くと思って打って出ると、見事に摺り上げ面をくう。この人の場合は構えは立派とはいえないが、癖剣ではなく正法の遣い手と言えるだろう。戦前は野間道場の朝稽古にもよく通った人で、この話の頃は先に述べた妙義道場へ通っていた。

この日、C先生が師範室に案内されたときは、上席の正面に斎村先生が座られ、主席の前少し離れたところに五十代の小柄な教師が頭を下げて座り、斎村主席の脇、少し離れて持田先生が座って何事か話をしておられる様子だった。C先生が中に入ると持田先生が振り向いて目顔で示されたので離れたところに座った。

この日、斎村先生に説諭されていた人は、Aという人で警視庁きっての稽古熱心で有名だった。この人にまつわる話は多い。

警視庁に採用になって初めは交番勤務になった。配属された交番の近くの街路樹に向かって毎日切り返しをやり、何本も枯らしてしまった。町会から苦情が出て署長に叱られた末、転勤になった。遅くから剣道を始めて、後に剣・居共に範士八段にまでなった人だから並々ならぬ努力をした人である。

それだけに沢山の特技を持っていた。何といっても有名なのは鞍馬流の巻き落しで、誰彼なしに巻き落されてしまう。巻かれた人の話では「ハッ」と思ったときは竹刀が無かったという。遠くへ飛ばされたかと思って遠くを見てもない……。なんと自分の足もとに自分が置いたようにして転がっている。拾って立ち向かうと又やられてしまう。二度目も三度目も同じように、同じところに竹刀が転がっている。まさに神技に近いもので、こと巻き落しに関してはこの人を最後に再び見ることはないだろう。〝はやのろ〟の異名があるように稽古も特徴があった。打って出るのかと思うと退き、退いたから安心していると思いがけないところから打って来る。総じて小柄な人は足捌きが良いものだが、この人のは群を抜いた足捌きの良さがあった。この人がこの話の頃の剣道はお世辞にも立派な剣道ではなかったが、後年この人が自らを振り返って話していることだから間違いないだろう。

さてC先生の話に戻ろう。C先生がこの日、聞くともなく耳に入って来た斎村先生の話というのは、次のようなことだった。

斎村五郎範士(右)と、持田盛二範士(左)

「Aさん、貴方くらい真面目で稽古熱心な人は少ない。教師も永いことだから師範にしてあげたいのだが、今の剣道では名誉ある警視庁の師範にはしてあげられない。警視庁の師範は人間が真面目で稽古熱心で当てるに上手で、教師が古いからといって引き上げてはやれないのです。ただ私がこれから教えるように稽古を変えてもらえば、師範への道は全くないわけではないのです。

まず、間合ですが、剣先が触れるか触れないところから始めて、攻め切って打ち切ることです。これまでのように不用意に近間になったり、訳もなく後退して間合を切ったりしてはいけません。

次は心の動揺を無くすることです。江戸時代と違って今は立派な防具を身に着けているのですから打たれて負傷することはないのです。頭を曲げたり、腰をひねったりして相手の打ちを避ける。その動作そのものが相手には心で負けているのです。打たれて死ぬことも怪我をすることもないのだから威風堂々とやればよいのです。

最近、剣道の復活が目ざましいが、このままでゆくと日本の剣道は下道の剣ばかりになってしまうでしょう。貴方はまだ若いのだから自分の剣道を直すと共にこれからは上道の剣を我が国に残す心懸けで一所懸命やって下さい」

この他に細かい注意はなかったそうだが、一言一言かみしめるように、ときには間を置いて話されたという。説諭された教師は身が縮む思いだったのだろう。小さい体をさらに小さくして再拝を繰り返して立ち去ったという。

今と違って、この時代は斎村先生や持田先生に前述のようにして声をかけてもらうなどということはなかった。ただ懸命に稽古をする連続だった。その稽古の中から評価されるのである。助教で終る人もいれば、僅かな数ではあるが師範まで登りつめる人もいた。

A教師は幸運だった。その時分の稽古は前述のように良くなかったが、持ち前の研究熱心と粘り強さで自分の剣道の欠点を一つ一つ取り除く努力をした。それまでは剣道とは当てることだと思っていた自分が恥かしかったと後年述懐している。A教師がその努力を認められて日を経ずして師範に昇格したことはいうまでもない。

さてC先生の遺話を聞くことにしよう。前述のA教師が説諭されているときの持田先生はどうしておられたのだろうか。終始無言で能面のように表情の動きはなかったという。

持田先生はもともとこの人のような剣道をする人は好まれなかったようである。その良い例が豪剣を持って鳴る某先生が野間道場で持田先生に稽古をお願いしようとして列に加わって並んでも、その人の番が来ると手を横に振って避けられ、稽古相手にはなられなかった。この人は非常に悔しがったという。そして何十日か後また並ぶのだが同じように断られてしまう。この人は後に師匠に命じられて朝鮮から旧満洲へ行くことになる。

先のことは持田先生ならではのことかも知れないが、C先生は持田先生のこの処置を最高の教訓と言われる。剣は人を作り、ひいては国を作る。粗暴な剣では人作り、国作りにはならない。持田先生の号の〝邦良〟は正剣よく国を良くすることから来ているのである。

斎村先生に説諭されたA教師は八段になったのが昭和三十年代の半ばだった。さらにその二年後の範士選考の審議員会では、持田先生の鶴の一声ともいえる話から範士になっている。持田先生は、

「この人はもっと早く八段にしてやるべきだった。八段が遅すぎたのだから、皆さん、今年範士にしてあげてやって下さい」

かつては持田先生には好かれるタイプの剣道ではなかったかも知れないが、心機一転、正しい剣道に努力した人はただちに認めてやって誰よりも早く範士にしてやる。この心の大きさは持田先生ならではのもの。

ついでながら、前述の持田先生に稽古を断わられた人は丁度その頃、失意のうちに高血圧が原因で、まだこれからというときに世を去ってしまった。

ここに登場する先生方はみな故人になってしまわれた。ご冥福を祈りたい。

古老の剣談

十数年前のことだった。京都大会の帰りにある偶然に恵まれた。それというのは、発車間際に来て席の番号を確かめた上で隣の席へ座った老人がいた。よく見るとかねてより尊敬している某九段である。

先生は京都大会の帰りに、お孫さんの所へ行かれるのだそうだ。あみ棚に荷物を上げてやったり、缶ビールを買って来て二人で飲んでいると、老先生は僅かなアルコールに興味ある話をされた。

そのことは後に書くことにして、十数年経った今も、故人の老先生が別れ際に言われた言葉が印象的で耳の底に残っている。

「今は良い時代になった。昔の剣道界は封建的でね、どんなに親しい友人でも流派、派閥が違うとお互いの稽古も出来なかった」

古い剣道家ならご記憶だろうが、持田先生がいつも言われていたことの一つに「この道場に稽古に来られる方は、どなたも立派な方ばかりだから何も申すことはありません」がある。

先生はかなりひどい稽古をする人でも何も言われなかった。いや、質の悪い稽古の人ほど何も言われなかった。

そのような方だったが、稀には注意してもらった人もある。しかし持田先生は人に教えたり、注意される時は人のいないところで、その人以外に分からないように、しかも直線的な話し方をされない。相手の立場を尊重して遠まわしの話し方で教えられた。

先生に教えられたり、注意を与えられた人は、嬉しくて天にも昇るような気持ちになる。それはそうだろう。人に注意を与えられたことのない方なのだ。「持田先生が私の稽古をご覧になって声をかけて下さった。私の剣道は見どころがあるからかも知れない……」

先生が「この道場……」と言われるのは、いうまでもなく東京小石川音羽の高台にある野間道場のことである。先生がここの師範になられたのが昭和五年で、亡くなられたのが昭和四十九年である。持田先生のように剣道も人格も立派な方は再び現れないだろう。そしてこの立派な方に声をかけられ、教えを受けた方々の多くは故人になったり、老境に入ったりして今は第一線で指導に当られる人は少なくなった。

持田先生が言われる「この道場に稽古に来られる方はみな立派な方ばかりだから云々……」は勿論、先生の偉大な人格から来ている。

ところがこの言葉通り立派な稽古をする人ばかりではなかった。先生の目から見たら困った剣道の人も多かったのである。日本一の先生が、しかもその道場の師範に迎えられた方が、このように言われる。そこには時代背景の難しさがあり、先生のこの言葉が後に剣道社会を変えることになる。

大正時代から昭和の初めにかけて、我が国の剣道界は二つの流派門閥によって支配されていた。高野佐三郎先生の修道学院と中山博道先生の有信館がそれである。両派の拮抗対立の激しさは、今日の剣道家にはとても理解することができないだろう。両派の門弟はお互いが稽古をしたくてもやらせてもらえない。修道学院の門下生は中山先生の門下生と稽古をしたのが分かると、即座に破門された。この場合の破門は事実上の剣道社会からの締め出しを意味する。

両派の対立はいろいろなところにまで及んでいた。どこかの県に師範学校なり中学校（旧制）が新設され、剣道師範が必要になる。あるいは県警に増員の必要や欠員が生じたとする。両派はそこの剣道師範を自派から送り込もうとして水面下で激しい争いをする。

また別の方面では、今日の常識では理解することの出来ないようなことが平然と行なわれていた。たとえば門下生が兵役に就くことになった。戦場に出るようなことになれば生死は計り難い。長年、稽古でお世話になった先生のところへ手土産を持ってお別れの挨拶にゆく。すると先生は「おめでとう。お国のためにしっかりやって下さい。君にあげるものがあるからここで待っていなさい」と言い、奥から持って来て渡すのは、一段上がったお免状だった。

見方によっては美談にも映るが、こうして段が上がったお免状をもらう人もあれば、もらえなかった人も多い。その差は何か。勿論、稽古の内容や修行期間の長短による差ではない。その辺は読者の判断に任せることにして、「段」そのものが私物化されていたのである。

こうしたことでも分かるように両派の対立はあらゆるところに弊害が現れた。数え上げたらきりがない。これをなくさなければ剣道の将来は暗い。このことは誰しも考えていたのだが、どなたも手をつける人がいない。それほど両先生は名人大家として揺るぎないものがあった。

雑誌王講談社社長の野間清治氏が両派の対立の悪弊の解消に努力することになる。野間氏は持てる財力をもって大正十四年に自社の敷地内に立派な道場を建てたが、同氏はこれ以前、既に社員に剣道を奨励している。会社の剣道教師に迎えられた人に安部義一、和佐田徹三、増田真助の各先生があり、後年、天覧試合に優勝する増田先生は社員待遇だった。

野間氏のその頃のやり方で見逃すことのできないのは、両派のどちらにも片寄らないことだった。令息恒氏は短命の名剣士として惜しまれた人だったが、この人が十五才の時、中山先生の有信館に入門させている。これは自社の道場ができる二年前である。

持田先生が御大礼記念の天覧試合で優勝されたのが昭和四年、野間氏の懇請で朝鮮総督府の剣道師範の職を去り、野間道場の師範になられたのが翌昭和五年である。野間道場が出来てから持田先生が師範に迎えられるまでの六年間に中山先生は数多く野間道場へ稽古に来ておられる。昭和二年の夏には中山先生を講師として一大講習会も開催されている。

長男の師であり、自社の道場へもしばしば稽古に出向かれ、しかも講師として来てもらっていながら中山先生を師範に迎えていない。普通の人ならこうはしなかったろう。対立する一方に片寄らない、この辺が野間氏の偉いところだった。

野間氏も持田先生も、両派の融和を図らなければならないという高い理想を掲げていたが、剣道界の状態はそのことを言葉にも行動にも表わすことができない。理想の人が持田先生である。

持田先生の招聘《しょうへい》によって沢山の人が野間道場へ稽古に集まる。対立する両派の人たちの中には立派な剣道の人ばかりではない。両派にはその流派の特徴的な剣風もある。その人たちに向かって持田先生があそこを直しなさい、ここがいけませんでは両派の溝が埋まらない。

先生の性格からすれば、言葉に出して人に教えることは嫌だったらしい。また先生と野間氏は理想を高くすればするほど、一派に偏したことは出来なかった。

野間氏はこの間に多くの私財を投じている。五段以上の人が稽古にゆくと、毎朝の食事が出された。この朝食は有名な朝がゆである。この他に、五段以上の人に毎月手当が出されている。朝稽古の精勤者にはいくら、欠勤の多い人にはいくらと差をつけてあった。

あの当時、警視庁の助教だったある人が次のように話している。

「私の家はとても生活が苦しかった。五段になれば野間社長から五円を頂戴できる。あの頃の五円は大金で俸給の七分の一だった。野間社長から五円をもらうと一ヶ月の小遣いは十分だった」

ゴールデンバットが一箱五銭、市電（後の都電）が乗り換え切符で東京の端から端まで行っても六銭。日本酒が一本四十五銭だったそうだ。当時の五円は今日のお金にしたら四、五万円に相当するのではないだろうか。

持田先生に稽古を頂戴したくて多くの人が集まる。集まって来る人は東京や東京付近ばかりではない。地方の人が会社の出張で東京に出る。その機会を利用して朝稽古に行く。この場合はどなたかの紹介状を持ってゆくわけだが、どの人も持田先生に懸かって行ってもとても歯が立つわけがない。それは十分承知していながら立ち向かう。

中には竹刀をひっかけたり、担いだりしてごまかして当てようとする者がいる。そんな時、先生は丁寧に会釈をされる。ごまかして当てた人は内心〝シメタ〟と喜ぶ。ごまかしたとはいいながらやっと持田先生へ一本打てた。

さて改まっての稽古に入ると、先ほど先生の小手なり面なりごまかして当てた同じところを、自分がごまかした技とは比較にならない立派な技で面なり小手を取られてしまう。このことは誰にでも同じだった。ごまかして当てた人は喜んだのも束の間、すべてが帳消しになって先生の底知れない強さに畏敬の念を深くするばかりだった。

　ある九段が生前に語られた話を紹介しよう。この方が九段になられたのは昭和三十年代の中頃だった。その当時の持田先生は主に妙義道場で稽古されていた。妙義道場については既に述べてきた通りだが、五月の京都で九段を授与された先生は、教え子が祝賀会を開いてくれたり、あちこちに挨拶したりで妙義道場へ稽古に行ったのは、五月の終わりか六月の初めだったそうである。その間に祝賀会などで持田先生には何回もお目にかかっているわけだが、九段になってから稽古をお願いしたのはこの日が初めてだった。

　その日は天候が悪く、稽古に集まった人は意外に少なかったという。新九段は持田先生に改まっての挨拶をする。

「お蔭様で身に余る段を頂戴いたしました」

　軽くうなずいた持田先生は、

「剣道は稽古をすればするほど難しいものです。さぁ、稽古をお願いしましょう」

日本一の先生と新しく九段を授与された方の稽古が始まる。一緒に稽古していた人たちが全員止めて拝見に廻ったことはいうまでもない。

この日の稽古の模様を老九段は次のように話しておられる。

「持田先生と蹲踞から立ち上がり相正眼に構えた。と思ったら、自分の目には持田先生の姿は映っている。だが自分と先生の間に衝立てか何かがあって仕切られているようで、どうすることも出来ない。勿論、前に出ることなど出来るものではない。苦しくなってじりじりと半歩退り一歩退り、とうとう道場の端まで退ってしまった。そして気付いた時は物の見事に諸手突を突かれてしまった。突かれて初めて我にかえった。それまでの自分は自分ではなく、他人のようでもあり、夢を見ているようでもあった。

持田先生は片手突と小手打ちは得意中の得意でこれまでもやられていたが、普段の得意技を出さずに、豪快な諸手突で突かれた。このとき突きを突かれる前が剣道では最も重要なことなのだが、この日の突きは私には最高の教えだった。『九段に安んじてはならんよ。剣道の奥はきり無しに深いのだ。今日からまた心を新たにして励みなさい』というわけだね……」

ある故人の話を思い出して

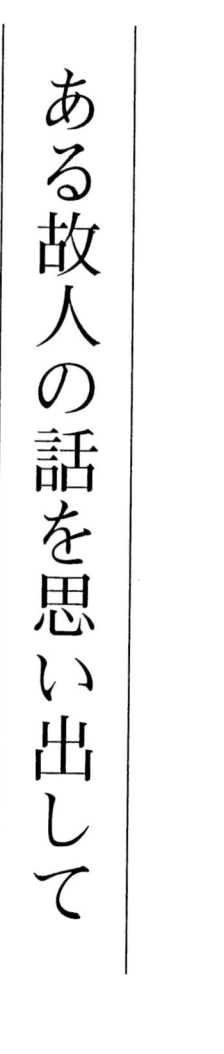

剣道家にも運、不運があって、努力に努力を重ねても不運が先廻りして待っていて八段の関門をくぐり抜けることが出来なくて、淋しく終った人の中にも立派な人がいる。

ここで述べようとする、佳い話を残してくれた人もその一人。黒嶋一栄という人である。古い剣道人ならその人柄の良さを知っておられるだろう。黒嶋氏は警視庁助教のときに大病を患い、助教が出来なくなった。昭和三十五年だという。黒嶋氏はあの大病がなかったら助教で終ることも七段で終ることもなかったろう。

黒嶋氏が助教をしていた頃の警視庁の助教は今日の人たちと違って、取り組む意欲も稽古も格段の差があり、実力のある人たちばかりだったし、助教といえば強さの代名詞であった。

黒嶋氏は大病のあと普通の警察官にもどり、定年になると外郭団体に勤めていた。後には再び稽古を始めたが、病気をする以前のようにはならなかった。

私は元気な頃の長身紅顔の美青年の黒嶋氏の稽古振りをはっきり記憶している。病気後の黒嶋氏は実によく摂生をしていたが、惜しいことに数年前に再度、大病にかかり鬼籍の人になってしまった。

私がこの人柄の良い先輩と親しくなったのはそんなに古いことでもないが、よく気が合った。親しくなる理由は同郷の先輩後輩である。師匠の岡田守弘先生に例会の度に最初に呼ばれ、先に叱られるのが黒嶋氏で、その次が私だった。これがまた判で押したように決まっていて、黒嶋氏が終ると私のところへ来て「先生がお呼びだよ」と告げる。これが毎回決まっている。説教の内容も決まっていた。「無駄な打ちをするな。気で攻めて、攻め勝って一本で決めよ」。そして最後は道場に掲げられた扁額を指差して、斎村先生の書かれた『露堂々』の解説である。

黒嶋氏が次の話をしてくれたのは今から十数年前のことである。二人は稽古のあと中華料理店に座り込んで剣道四方山話に花を咲かせていた。いつもここで飲みなおしをしていたのである。飲みなおしといっても道場で振舞われた酒も僅かしか飲まない黒嶋氏だから、ここでは盃に手を出さない。私の独壇場である。

この日のような例会は年に数回しかないから、二人は久し振りに会う楽しさも手伝っていつも話が長くなる。そのとき先輩は次のような話をしてくれた。以下は黒嶋氏の話であるが、黒嶋氏がしてくれた話はこのときより更に十数年も前の、昭和三十年代の初めの頃、やはり例会の日の出来事だった。

その日は早朝は好天であったが九時頃から風雨が激しくなって、浸水で電車が一時停まる程の悪天候に変った。黒嶋氏はその人柄が示すように、例会の日は誰よりも早く道場に出て色々と世話をしていた。風雨が激しくなる前に道場に着いた人はたった二人で、斎村五郎先生（のち十段）と小野十生先生（のち九段）で後続はなかった。

その当時の会員の主だった方々は、前記の先生の外に持田盛二先生、柴田万策先生、そして小川忠太郎、堀口清、中野八十二先生等は四十代、五十代で若い方だった。このような立派な先生方が集まる会だから一般の会員も多かったし、稽古も激しく内容も立派だった。ところがこの日に限って天候が災いして誰も来ない。前記の二先生に館長の岡田先生（のち範士八段）と黒嶋氏と四人で稽古をすることになる。

黒嶋氏はお茶の世話をしながら自分の顔が蒼くなるのがわかる程だったという。なぜかというと、助教とはいうものの若い黒嶋氏が三人の大先生にかかって行かねばならない。とてもとても耐えられるものではない。半端な稽古の出来る人ではないから、心中は察して余りある。黒嶋氏は心の中で、せめて四、五人来てくれたらと思っていたがその願いも空しく、風雨は益々激しくなるし誰も来ない。

そのうちに斎村先生が例のおだやかな口調で「今日はもう来ないね。しばらくぶりで一本お願いしようか」といって小野先生と防具を着ける準備を始めた。これを見た黒嶋氏は、あわてて自分も仕度をしようとすると岡田先生が目で押えて、黒嶋氏に防具を着けさせなかった。そのわけは、余人を交えず斎村先生と小野先生の稽古などは滅多に拝見出来ることではない。これ以上の見取り稽古はない、見ていなさいということである。

二人の大先生が稽古を始める頃は雨が止んでいたそうだ。静かな道場で竹刀を合わせた両先生は立派な姿でピタッと構えられた。

間合は二本の竹刀の先革と先革が交叉する間合から、深くもならなければ間が切れることもなく、二本の竹刀は僅かに上下するだけ。音もなく、掛声もなく、そのまま数分心の攻め合いが続いたところで斎村先生が僅かにジリッとネジを巻く程のゆるさで間を詰めて攻められる。それに合わせるようにして小野先生が僅かに退って前と同じ間合になる。数呼吸してまた斎村先生がジリッと詰められる。小野先生は同じように退って自分の間。両先生はこれを繰り返して、とうとう道場の南の端まで来てしまった。もう小野先生の退られる後がない。そこまで来て数呼吸の後、斎村先生の例の面が出た。「面」と一声、見事に決まって、小さく会釈をした両先生はくるりと向きを変え、今度は斎村先生が南を背に、小野先生が北を背にして対峙し、またしても同じような攻め合いが始まった。

静寂な道場に、掛声もなく、竹刀が触れ合う音もなくジリッと攻め入る側の斎村先生、ジリッと後退する側の小野先生。両先生はまたしても道場の北の端まで来てしまった。ここで先程と同じく斎村先生の面が決まって、両先生は向きを変えられる。

尚道館道場の南北は六間ある。両先生は道場の端から端までを三回ばかり往き来をされて稽古が終った。その間に小野先生は一本も打たず、南北に行き止まったところで斎村先生が一本ずつ打ちを出されただけである。

黒嶋氏は、あまりの見事さに両先生が何回往き来をされたか覚えていないという。面を外された両先生はと見ると、斎村先生には汗は見られなかったが、小野先生はびっしょり汗をかいておられた。はたから拝見した二人は両先生の様子を見て、顔を見合わせて大きなため息をついた。また岡田先生はしばらくしてから独り言のように「これが本当の剣道だ」とつぶやかれたという。

岡田先生は後日、黒嶋氏に次のように言われた。

「斎村先生の立派なことはいうまでもないが、小野先生も立派だ。あれほどに攻められて、苦しくて苦しくていながら無駄なことをして懸かって行かれなかった。この点はこれからの剣道家には真似の出来ないことであろう。黒嶋さん、お前さんは真面目でいつも早く来ては道場の世話をしたり先生方の世話をしているから、あの日のことは神様がお前さんだけに与えて下さったのだよ」

この話を黒嶋氏から聞き終った私は、この日の稽古以上に黒嶋氏の話が有難かった。

黒嶋氏によると、その頃の斎村先生は既に体調が思わしくなく、稽古量を少なくしておられたということである。

この日の四人の方々もすでに故人である。先年は中野先生、佐藤先生、玉利先生も泉下の人となってしまわれた。今頃はあの大先生達が閻魔《えんま》庁の道場に集まられて、青鬼や赤鬼を相手に稽古をつけては手玉に取っておられることだろう。そして我々の練りのない早打ち剣道を笑ったり憂いたりしておられることだろう。

私の人名簿の中に毎年、年賀状を書くことの出来ない人が多くなる。この拙文が故人の先生方への年賀状になればと思って——。

小川範士回顧談

まえがき

近世の剣聖、範士十段持田盛二先生のことを書いた本はたくさん出ている。著書の内容は範士の表面に表れたことに重きを置かれているようだ。たとえば、生い立ちから京都での修行時代、後の朝鮮総督府剣道師範時代、このとき例の天覧試合があって優勝されるのだが、この辺のことは多くの著書に詳しく載っている。

持田範士は知られているように地味でひかえ目の方だった。あれだけの名声を博した人だが、すすんで人の上席に座るようなことはない。また、人目を引くことも嫌いだった。その地味な方の運命が、近世の剣道家として最も華やかな運命を歩くことになる。生来の性格とその人の運命が別の途を歩くと隠れた逸話が多く残る。持田範士の場合も当てはまっていた。

持田範士に隠れた逸話が沢山ある。にもかかわらず一般に知られたことは少ない。なぜだろうか。範士は日頃口数が少なく、親しく会話を交わされる人が限られていた。範士と親しくした人も地味な方が多く、範士から聞いたことや自分が経験したことをしゃべりたがらない。

そんなことから後世の剣道家の戒めになる逸話が埋れたままになっている。僅か十七・八年前に亡くなられた方だが、軽薄短小の今日的な常識では通用しない。

持田範士に師事した人は多いが、そのほとんどは故人になられた。数少ない生存者の中で最も近くにいて薫陶を受けた人に小川忠太郎範士と望月正房範士がある。

小川範士は知られているように千葉県市川市国府台にある人間禅教団で永年にわたって剣と禅を教えて来られた。無得庵刀耕の号を持つ範士は、禅宗の高い位の師家の称号を保有され、教団の最高指導者の一人でもあった。禅は一切の無駄を省くことを教是の一つにしている。人間禅教団も同じで広い敷地内に、禅道場と剣道場の外に四阿《あずまや》（東屋）があり、茶室やその他の建物が散在するが、いずれも簡素なものばかりで、きらびやかな寺院に相当するものは見当らない。

小川範士の講話は美辞麗句を除き、簡明にして直截《ちょくさい》、なかに私心私欲が入らない。範士の日常の生活も質素そのものだ。これらの点を考えると、この方の師だった持田範士の精神を最もよく受け継がれているだろう。

ここから、小川範士が野間道場の師範室で往年の出来事を思い出して語られたことを書くことになる。

一

ある日、小川範士が話されたことは今をさる二十年近く前のことだ。

範士はその年の京都大会に参加しようとして持田範士のお宅へ伺い、出発のご挨拶をする。挨拶を受ける持田範士はこの年、米寿を迎えられた。が、このときより二年前から体の不調を訴えられ、前の年から病床の人だった。

一代の剣聖、不世出の名剣士も、寄る年波とともに不治の病におかされていた。

小川範士はその日を思い出してしんみりと語られる。無理もない。一昨年まではそろって京都へ行った師弟だった。病床に痩軀を横たえる老師匠は再度武徳殿の正面に立たれることはない。そう思うと出発の挨拶をする弟子の心は暗かった。

このときの師弟の会話はごくありふれたことだったという。やがて時間に迫られた小川範士は席を立つ。師匠の夫人に送られて玄関を出た。思わず師匠の家を振り返って見る。古い建物だ。この古い建物は師匠が後半世を託したものだが借家である。

あれだけの名声を博した持田範士である。自分の家を欲しいと思われたなら、どこからでも協力者があらわれて、家の一軒くらいはいつでも建てられたであろうし、老師にその気があれば、講談社の初代社長は黙っていなかったであろう。だが持田範士は一切の物欲に目をくれなかった。どこまでも剣道一筋、生涯を無一物で通したのである。その生き方はまさに昔の禅修行者そのままだった。

小川範士は京都への道すがら心に誓った。今年は師は見ていてくれないが、師の教えの通り良い試合をしよう。それが何よりの土産になる。次の土産はなんだろう。そうだ、京都大会の様子を詳しく話すことだ。大会の模様をこの目で見て、帰ってから伝えよう。とくにこの大会の掉尾を飾る九段の試合はよく見ておいて克明に話すことにしよう。

この年も小川範士の演武は見事だったと伝えられている。範士ともなれば無駄を省いて一本で決めなければならない。これは老師の教えでもあり、禅にも通じる。

少し横道へ入ることにする。小川範士に稽古をつけてもらった高段者は誰でもそう感じるように、構えた時の範士の顔はいついかなる状態になっても、表情が変わることはない。長く対峙していると、面金の奥にある範士の顔が人間の顔でなく、能の面ではないかと錯覚する。ハッとした時は攻められて間合が縮んでいる。これではならじと苦しくなって打って出ようとすると、範士の剣先は僅かに下って出られない。半歩退き、一歩退きする。だんだんと退って退りきれないところまで追いつめられて、苦しまぎれに打って出ようとすると、先を取られてしまう。

ここ数年は京都大会で演武されていないが、これまでの小川範士の演武は、いつも前述のような展開だった。範士の剣道は鍛え抜いた刀法と坐禅によって会得された心法によって完成されたものであろう。

範士の剣道でとくに学ばなければならないのは間合であろう。いつも先革と先革が触れるか、触れないかのところから始まって、一つの区切りがつけば、次はまた元の間合に戻ってから始まる。高段者になると、これをやる人は少ない。刀法の正道、常道を踏んでの稽古である。

昭和四十八年度の京都大会の全ての行事を終えた小川範士は世田谷の自宅へ帰った翌朝、大会のプログラムと手土産を持って持田範士の病室を見舞った。

師弟は形どおりの挨拶が済むと、老師が、

「小川さん、あなたが来てくれる頃だと思って待っていました」

この一言が弟子の疲労を一遍に吹き飛ばす。実は小川範士も疲れがたまっていた。大会のあとの八段審査や称号の審議など盛り沢山の行事があった。老師は続けて、

「京都大会はご苦労様でした。京都の話を聞かせて下さい」

小川範士は京都大会の様子を細かく報告した。それは個人においては師弟だが、斯界における最高の十段に対する礼儀でもある。持田範士は黙って聞いておられたそうだが、小川範士は続け

て演武の説明に入る。

まず、範士八段の対戦を詳細に説明した。病床の人は始終黙ったまま一言もはさまず聞いていた。愛弟子の長い説明を聞いて楽しかったのであろう。

「ここにこうしていながら小川さんの話を聞いていると、京都大会を見たような気持ちになります。ところで小川さん、毎年、教士八段の中に幾組か良い演武があったはずだが、それを話して下さい」

小川範士はこれを聞いて意外に思ったという。普通なら範士八段の次には当然、九段の演武の内容を聞きたいと思うだろう。ところが、老師は教士八段の説明を欲しておられる。半信半疑ながらも何組かの教士八段の対戦の説明をした。

さて今度は九段である。幾組もないが九段の演武は特に念入りに説明したい。小川範士は「次に九段ですが……」ときりだした。

すると老師は静かに手を振って小川範士の説明を制し、少し間をおいてからおもむろに、

「九段はいりません。人間が人間に最高の位を与えた。その人たちの剣道に良いものはないのです。毎年、教士八段の中に幾組か良い演武があったのです」

小川範士は自分の胸に大きな矢がささった気がした。

小川忠太郎範士

範士は続いて語られる。昭和三十二年に十段制が設けられ、それによって小川金之助、持田盛二、斎村五郎、中野宗助、大麻勇次と五人の十段が誕生している。しかし三十七年の大麻十段以降、今日まで十段は一人もつくられず、九段が事実上の最高位である。

だから段を目標に修行して来た人が九段になった場合、その地位に満足して稽古がおろそかになる。剣道の目的は人間形成であり、道の修行である。それを目標にした修行には、〝これでいい〟という終りはない。終生修行である。

老師は自分を前に置いて言外に「段を目標にして九段になったような人の剣道には見るべきものはない」と指摘されているのである。

余命幾許《いくばく》もないであろう病床の人が、愛弟子に与えた教訓は大きかった。老師の一言は非常な重みを持っていつまでも胸に突きささる。小川範士は最高位の九段の剣道こそ良い土産話だと思っていた。だが、老師は毎年、別なところに目をやっていた。

持田範士が亡くなられたのは、この話があった時から九ヶ月後の昭和四十九年二月九日の早朝である。一代の剣聖が死の九ヶ月前、愛弟子に与えられた名言、「人間が人間に最高の位を与えた。その人たちの剣道に良いものはない」——この言葉は持田範士が地下から我々全剣道人に望まれている最高の教えであろう。

二

数年前のある日曜の朝のことである。話のあった場所は東京・音羽の野間道場。朝稽古を終えた人たちが風呂で汗を流して更衣室で着替えていた。ときには百名近い人が稽古に来るから広い風呂場も更衣室も混雑する。

初夏のことで、新たに吹き出る汗を拭き拭き着替えをしている人たちの中の二、三人に、ここの師範の望月正房範士が小声で言葉をかけた。「〇〇さん、今日は小川先生がお見えですから……」言葉をかけられた方は「はい、有難うございます」これだけを聞いたのでは奇妙な会話である。ついさっきまで範士九段小川忠太郎先生に稽古をお願いしていた人たちに、ことさらに小川範士の来場を伝えている。言われた方の答えも変な答え方で、今日はまだ小川範士にお目にかかっていないみたいである。

実はこのやりとりには理由《わけ》があって、望月範士が言外に教えたのは次のような意図がある。〃小川範士は今日、他に用は無いらしい。範士がゆっくりしてゆかれる。あるいは佳いお話が聞けるかも知れない。急いで帰る必要がなかったら残っていなさい〃という意味が含まれている。

この日着替えに手間どっていたS七段に、ある八段が話しかけた。「小川先生の話を聞いて解るかい。あの方の話はこれだからなぁ。僕にはちっとも解らない。この前、警視庁の武道館で大勢に講演されたが、僕はとうとう解らずじまいだった。悪いけど僕は先に帰る」

この八段が、これだからなぁ、といって、臍の前で両手を組んで見せた。つまり禅の話だから解らないという意味である。

地方の剣士が聞いたら驚くかも知れない。解らない話でも何回も聞いていれば次第に解って来るものだが、東京の人は勿体ない話を聞きのがす。大きな燈台の近くにいると燈台の重要なことも有難味も忘れてしまうのかも知れない。

ここでは若い人たちを弁護する為に一言つけ加えると、野間道場の師範室は誰でも入って高位の方の話を聞けるという状態ではない。狭いだけに遠慮がある。だが聞きたい人は隣の更衣室で座って聞けるようになっている。

野間道場の同好会員は都内は勿論のこと近県にも沢山いて、ここの朝稽古に来る人たちはそれぞれに考えが違うようだ。小川範士の話をはじめから聞こうとしない人もあれば、望月範士に声をかけられなくても更衣室に座りこむ人もいる。八段はみな早々に帰るかと思うと、そんなことはない。小川範士の話の重要なところを手帳にメモするのに余念がない範士八段もいる。

小川範士のお話は難しいところはない。ただときどき禅の専門用語がまじる。禅の専門用語などと書くと他の宗派に恨まれるかも知れないので梵語《ぼんご》としよう。梵語は古代インドの言語である。つまりサンスクリットだが、これに無理して漢字を当てはめてある。漢字の語意で理解しようとしたら全く分からない言葉だ。これにこだわったら折角の良い話が分からない。

小川範士は知られているように剣も禅も究めた方である。範士は八十歳の半ばを過ぎた今も尚、ときどき世田谷の自宅から電車を乗り継いで野間道場へ来られて会員に稽古をつけたり、師範室で後輩の為になる話をされるが、それには理由がある。

小川範士が若い頃入門したのは高野佐三郎範士のもとだ。が、後年、人生の全ての師と仰いだ人はここ野間道場の師範をしておられた持田盛二範士十段である。恩師と愛弟子の関係は他人は知らず二人の間ではよく認め合っておられたようだ。そのことを示す良い挿話が残っている。

晩年の持田範士がぽつりと言われた言葉に「小川さんは私と同じ道を歩いている」というのがある。あの口数の少ない、人を賞めることの嫌いな持田範士のこの一言には重い意味が含まれている。持田範士は言外に「小川さん、私の亡き後の剣道界を頼みますよ」と言われているのかも知れない。あるいは「小川さん、私の後をよく追って来てくれましたね。そのままずっと同じ道を歩きなさい」ということかも知れない。恩師の縁あった道場、恩師の汗がしみ込んでいる道場、持田範士を思い出したとき、小川範士の足は無意識のうちに野間道場へ向かっている。

話に聞くと持田範士は、雑談の中でも恩師の内藤高治範士の話が出るとキチッと座り直されたそうだ。その精神が伝わって小川範士は高齢の今も野間道場を訪ねられるのは持田範士のご恩を感じてである。小川範士が自ら「私がここへ来るのは、持田先生にご恩返しをしたいからです」と語っておられることでもうなずける。持田範士が恩師の話が出たとき座り直されるのも小川範士が高齢を意に介さず野間道場を訪ねられるのも相通ずるものがある。三尺退って師の影を踏まず、師の恩は永遠に尊いものである。

この日の小川範士の話を書く前に、小川範士が野間道場の師範室で話される内容には一つの形のようなものがあることを知っておいてもらいたい。その一つは講演調のところが全くないことだ。四角ばったり訓育的な話は一度も聞かない。平易な話の中に剣と禅を究めた人の価値の高い内容が含まれている。雑談に近い話でも非常に良い話だからと、あるとき会員の一人が録音を取ろうとしたところ、範士は口を閉じてしまわれたことがあった。

次の特徴は、ご自分の話はあまりされない。ご自身の話でも失敗談や持田先生の教えについては話されるのだが誇らし気な話は全く聞いたことがない。俗に剣道天狗という言葉があって、面を打った、胴に返したの自慢話の一つも出て来るのが剣道家の特徴だが、小川範士にはそれがない。

三つ目の特徴は、稽古の話になると遠慮なく話されることである。あるときのこと。ある学校で指導している七段の先生が姿勢といい間合といい打つ機会といい、あまり高度な稽古とはいえないことをしていたことがあった。丁度この日、その学校のOBが師範室にいたので、その七段の稽古についてその方にきびしく話されていた。小川範士はこのようなとき、持って回ったような、あるいは腹の中に一物あるような、聞いた方が話の真意はどこにあるのか探さなければならないような面倒な話し方は一切しない。それだけに聞く方は気持ちよく聞いて脳裏にしまい込むことができる。このあたりも禅の修行からくるものであろうか。

話は元に戻るが、この日、野間道場の師範室で話された小川範士の話は、範士がもう一人師事した斎村五郎範士十段から直接伝え聞いた話に始まる。

持田範士の天覧試合はあまりにも有名だから、そのことはここでは書かないが、あの大試合の後、各社の新聞記者たちが大変困ったことがあった。それというのは優勝者の持田範士の姿が会場の何処にも見当らなくなってしまったのである。いかに心臓の強い新聞記者やカメラマンといえども、場所が宮中ではどうすることも出来ない。やたらな行動は許されない。いざインタビューというときになったら優勝者の姿が見当らなくなってしまったのである。各社の記者たちが手分けして探したが、広い会場で見つけることが出来ない。では宿舎かということになって旅館を探し当てたがそこにも帰っていない。さしもの新聞記者たちも探しあぐねてとうとう諦めてしまった。だから持田範士のインタビュー記事は新聞に載らなかった。晴れがましいことの嫌いな持田範士は、その頃どうしておられたか。実は宿舎には帰らず、毎日のように宿を変えて新聞記者を避けておられたのである。

持田範士は優勝したあと、普段より更に寡黙の人になってしまわれたそうだ。その訳は古賀恒吉教士（当時）との対戦で非常に苦戦をしたことの反省だった。「古賀さんとは恥かしい試合をしてしまった」と反省した持田範士は、任地の朝鮮へ帰ると、「更に修行を重ねたいから東京に帰してもらいたい」と官に申し出た。剣道の修行が全てであった、このときの持田範士の精神は、神に通じたのだろう。希望通り東京に帰った持田範士は警視庁と野間道場の師範になり、益々大成の途を歩き始める。それと共にこれが範士に幸運をもたらすことになり、併せて社会の為にもなっていったのである。

この日の小川範士は締めくくりにもう一つ良い話を添えられた。最近の高段者、特に範士の演武は無駄打ちが多いとしながら、「持田先生はあるとき、範士の剣道は初太刀一本、後は押えて押えて最後に一本、この二本でよいと教えられている」。これだけでは若い読者には分からないだろう。少し説明すると、小川範士はつねづね剣道試合の間合の重要さを説かれている。自らの稽古がそうであるように、先革が触れるか触れないところから始まってじりじりと攻め合い、攻め勝っての機会に一本で決められている。〝範士の剣道〟はこのようにして二本でよいということである。双方に機会が無ければ打たなくてもよい訳だ。

前項で小川範士が持田先生に京都大会の試合について説明した話を書いたが、その時、持田先生が「九段の説明はいらない」と九段の説明を断られたが、このことが背景にあるのだろう。

三

野間道場の朝稽古は一年中休みがない。この道場から竹刀の音が聞こえない日は、年末から年頭にかけての十日間である。だが道場師範の望月正房範士は一年中休み無しというわけにはゆかない。週のうち金曜の朝だけたまに休むことがある。皮肉なものでそんな日に限って小川忠太郎範士九段が稽古に来られる。小川範士は望月師範の姿が見えないと風呂から上がり、お茶を呑んでから淋しそうに帰って行かれる。小川範士にすれば剣弟でもあり、野間道場を守っていてくれる望月氏との会話が楽しみの一つなのであろう。

ある金曜の朝だった。稽古が終る頃になって雨が降りだした。日頃、小川範士の話を聞こうと心懸けている人たちは勘で分かる。こんな日は望月師範が留守でも小川範士はゆっくりしてゆかれるかも知れない。道場の世話をしている下野開康氏（中大ＯＢ）や鈴木武夫氏（武専ＯＢ）などは用が済むと師範室の卓袱台の囲りに座り込む。

前項にも書いたように小川範士がここで話される内容は教訓的なところも講話調のところも全くない。自然に出てくる世間話に近いものだ。それだけに聞き逃すと惜しい話が多い。

「下野さん、切り返しをよくやっているようだね」

「はあ、今日は沢山並ばれてしまって、先生に切り返しと懸り稽古をお願い出来ませんでした」

「切り返しは大事だね」

「はあ」

「佐藤忠三先生（範士九段・故人）はね、来る日も来る日も切り返しをやって、あの立派な剣道を作り上げられた。剣道は生涯修行だからね。切り返しや打ち込みで基本を作る。その後の地稽古では先ず遠間大技の捨身技を体得する。これが大事だね。これが正しい剣道の基礎となる。今の人は切り返しや打ち込みをろくにやらないで稽古で叩き合っている。これでは良い剣道にならんね」

言葉を切った範士は斜め上に掲げてある持田範士の写真に目を遣り、再度、卓袱台に目を落とすと、「持田先生は偉かったね。またこの人の師匠、内藤高治先生が偉かった。昭和三十年代に十段が五人出たね。あの五人の先生はみんな内藤先生の弟子だった。高野先生や中山先生の門弟からは一人も出ていない」

範士の話が途切れると雨の音だけが聞こえる。さっきまでの騒音は嘘のようだ。静かな師範室に、帰りを急がない数人が尻に根が生えたように動こうとしない。ここにいる数人はみな腹の中で「しめた、今日も良い話が聞ける」と思っている。小川範士の口から武専の内藤範士やその弟子の話が出るようだと必ず良い話が聞けるのだ。

「この対戦のことはね、昔ある本にも書いてあった。ただその本には対戦者の名前は入れてなかった。名前を入れると都合の悪いことがあったんだろうね。だが本に名前が入っていなくても私には誰と誰の対戦か、すぐに分かった。この試合はね、私が二十七のときの京都大会の一番最後の試合だったからね。よく覚えているよ。あの試合は……」

あの当時、剣道家の間に東西の名人の対戦を望む声が上がっていた。しかも長い間にわたってである。東の名人は言わずと知れた高野佐三郎範士、西の名人は武専の内藤高治範士である。両範士の対戦が長い間実現しなかったのは特別の理由があったからではない。単なる偶然がそうさせただけだ。

剣道家は自分の稽古を見ることは出来ない。が、他人の試合や稽古の剣談が好きである。論評好きは昔も今も変わらない。それぞれに勝手な論評をやってくれる。東西の名人についても同様で、修道学院びいきの人や関東の人はおおかた高野範士が強いという。これを聞いた一般の剣道家は高野範士は日本一という評判だからこの説は正しいと思う。

一方、武専の出身者やこの人たちに習った人、それに関西びいきの人は内藤範士の方が上だという。実際に二人の対戦があったわけでもないのに、それぞれに理由を挙げてどちらかの肩を持つ。勝手な論評が一人歩きを始めてから何年かの後、東西の名人の対戦が京都大会で実現することになった。

この年の京都大会には例年になく沢山の剣道家が集まった。あの当時は今日のように新幹線や飛行機があるわけではない。東京からでさえ夜行列車で行った人が多かった。遠方の人は大変な日時と経費がかかった。小川範士は若冠二十七才の若さで京都大会に参加し、その名勝負を観戦していた。剣道に対する熱意は二十代のときから今日の片鱗をのぞかせていたのである。

対戦が進んで教士の部が終る頃になると、広い武徳殿が立錐《りっすい》の余地が無いほど沢山の剣道家を呑み込んだ。誰も見たいものは同じで、掉尾《とうび》の一戦に関心がそそがれた。

「拝見」の声で両範士がゆっくりと立つ。双方の間合は先革が触れるか触れないくらいだった。

両範士は中段のまま少し見合った。やがて高野範士が僅かに会釈をしておもむろに上段に構えた。高野範士の上段は実に立派だった。誰もが絵に描いたようだという。それはうなずける。高野範士は長身で均整のとれた体つき。上段に構えた姿は威風堂々としてあたりを払うものがあった。まさに王者の風格である。

対する西の名人の内藤範士は渾名《あだな》を〝髭達磨《ひげだるま》〟と言った。この渾名をよくもつけたと感心するような体形だった。広い肩巾、腰まわりは相撲取りほどもある。太くて長い腕を脇腹から臍の前に持ってきて肘を曲げてふところを大きく構える。中段に構えた内ふところに幼児が入るような大きな構えである。この日、内藤範士の正眼は相手上段に対して常法どおり、ぴたりと付けられた。そこからじりじりと気攻めに入る。高野範士も上段から相手を呑み込むような気迫でせまる。

場内は水を打ったような静けさ。全ての観衆が息を殺して見守る中、しばらく睨み合いが続いた。三十秒、一分、いやもっと過ぎていたろうか。高野範士がどこに隙を見つけたのか、上段から打ち下ろした竹刀が内藤範士の小手へ、ぴしっと当たる。打たれた内藤範士はどうかと見れば、依然として微動もなし。〝巌の身〟とはこんなときに使う言葉か……。

小手を打った高野範士が竹刀をたぐって又も上段へ。内藤範士は変わらずぴたりと正眼。高野範士、相手の様子をうかがいながら今度は小手と見せて面。これもぴしりと当たった。こうして高野範士は四、五本、小手と面を打ったが、いくら当たっても内藤範士は知らん顔。全く動ずる気配なし。そのうち立会審判の「それまで」の声。内藤範士はとうとう一本も打たずに終った。

この試合、高野範士が小手あるいは面を打とうと思うと、その思った瞬間に内藤範士が気当りでぐっと出る。打とうとして、相手が受けにまわったところを打てば立派な打ちになるが、気合でぐっと出られるから打っても皆外れてしまう。内藤範士の構えには上段から打って出るような隙は無かったのである。高野範士はその隙の無いところを打った。ただ打って、当たったというだけだ。剣道はここが難しい。相手に隙が無いのに自分が打ちたくて打ったのは、それは真の打ちではない。打ってはいけないところであるから打った方が負けである。

この両範士の試合について中野宗助範士十段は次のように語っている。

「内藤先生の試合を拝見しました内で一番印象に残っておりますのは、高野佐三郎範士との試合であります。その試合振りにおいて一方は技術、一方は気合の試合。高野先生は技にて戦おうとし、内藤先生は気合にて攻め込まれ、なんともいい知れぬ見事な模範試合でありました。気合の充満した試合と技に任せての試合はこうも間隔のあるものかと思い忘れることが出来ない試合です」

話が途切れ、小川範士の大きな手がゆっくりと伸びて湯呑茶碗へ。これが合図であったかのように聞き手の口から一斉に、大きなため息がもれる。雨は小降りになっている。静かだ。都心にこんな所があったのだ。下野氏が新しくお茶を入れる。それを呑んでも沈黙が続く。

しばらくしてから小川範士がまた話を続けられる。

「内藤先生は生まれも育ちも京都ではない。水戸の人だ。門奈正先生もそうだ。内藤、持田の両先生は師弟だから二人の先生の生き方がよく似ていたね。日常が二人とも実に質素だった。これは佐藤忠三先生に聞いた話だが、内藤先生が京都へ行かれてしばらくしてからだそうだ。あまりにも立派な先生だから京都の人になってもらおうとしたんだね。いつまでもお寺に住んでいたのでは不自由だろうからと心ある人たちが当時としては大金の五十円ずつ金を集めた。家を建ててもらおうとしたんだ。ところが内藤先生は『剣道家に家は要らない。墓だけあればよい』。

持田先生にも似た話があった。だいぶ前の話だが、誰が言い出したか分からないが、いつまでもあの古い借家では気の毒だから新しい家を建てて住んでもらおうということになってね。お金を集める動きがあった。これを聞いた鶴海岩夫先生（範士九段・故人）が、持田先生は質素な方だから、お金を集めて持って行っても受け取られないだろう。『小学』にこんな言葉がある。〝人能く菜根を咬《か》み得ば即ち百事倣《な》すべし〟――人間は粗食に耐えられればどんなことでも出来るということだ。だがこれが皆出来ない。出来ないから堕落する。内藤先生、持田先生はこの生活をやっている。そしてその力を剣道にもって行く。高野先生や中山先生は名利の方へ頭を使うから剣道がお留守になっちゃう。これは人間の生活、人生が極意ですね。この二人の先生はえらいものです。光るはずです。やはり剣道の最後は〝高潔な人格〟ということになるね。内藤先生も持田先生も禅はやられなかったが、日常も人生も禅の高僧とまったく同じだ。立派だね」

今日もまた良い話が聞けた。小川範士を下野氏が池袋駅まで送ることになって一同解散。鈴木氏は電車だからすたすたと坂を下って地下鉄へ。残った三人は車だから雨のやんだ庭に立っての立ち話。中の一人が興奮からさめない顔で話し始めた。

「僕がしばらく前、京都大会で似たような場面を見た。上段はN氏で正眼は湯野正憲範士だった。湯野範士は最後に追いつめて豪快な面を打ったね。僕はその日ある範士の防具持ちをしていたが、その先生と佐藤貞雄先生（範士九段・故人）が並んでこの試合を見て居られたそのときの会話が良かった。佐藤先生が、『Oさん、私は九段をもらっているが、恥ずかしながら今日の湯野さんみたいな試合は出来ない。湯野さんは我々の良い後輩に育った。剣道界を良くしてくれるだろう。それにしても高等師範出には湯野さんみたいな剣道をする人が少ないね』」

佐藤範士の期待も空しく湯野範士は早世され、佐藤範士もまた故人になられた。

四

今日の師範室は小川範士を囲んでいつもの顔ぶれがそろった。六帖間の正面が小川範士の席である。範士の右に道場師範の望月範士が座り、卓袱台を囲む面々は、犬の先生こと獣医の鈴木祥之氏、いつも茶道具を脇に置く中大OBの下野開康氏、そして蓑輪勝・梅村敏彦・熊谷丈夫の各氏の外に飛び入りが二、三人加わってかなりきゅうくつだ。

皆何十年もの間、この道場の朝の空気を吸ってきた仲間だから気心が知れている。遠慮の要らない仲だ。が、その中に一つの決まりがある。その決まりは小川範士も守られる。入って左の席には座らない。狭い部屋なのにそこだけ僅かに空けておく。空いた場所の上方には持田範士の写真が掲げられている。そこは持田範士が四十年もの永い間、座っておられた場所なのだ。故人の遺徳を偲んで空けておくのである。

卓袱台の上にはいつも梅干と氷砂糖が置いてある。お茶が渡ったところで望月範士が小川範士に質問をした。「先生、この前の講習会で話されたそうですが、例の触刃《しょくじん》と交刃《こうじん》ですね、あれがよく分かっていない人が居るようです。教えてやって下さい」

難聴の範士は望月範士の話がよく聞こえなかったらしい。そこで望月氏がやや声を大きくして「先生、触刃と交刃の話です」。範士はようやく分かったようだ。大きくうなずいてから、お茶を一口飲んで話を始められた。

「触刃と交刃ね、これはこの前、警視庁の武道館で話したなぁ。剣道の最も大切なことの一つだ。触刃と交刃、これは柳生流から出ている。刀だから最初は切先が触れるか触れない所から始まる。ここが触刃だ。切れる刀を持っていきなり近間でやれるわけがない。稽古のときも触刃で居るうちは余裕がある。一歩退くことも出来るし、相手が不用意に退れば前へも出られる。触刃からいきなり打って来ても、こちらはゆとりをもって応じ技に返すことも出来る。

触刃から二、三寸（十センチ位）入ると交刃となる。ギリギリの生死の間である。未熟な者や下の者は気持ちがすくんで硬くなる。ここが交刃だ。交刃になるには自ら入った場合もあるし、相手に入られた場合もある。またお互いが少しずつ入って交刃になった場合もある。僅か二、三寸のことだが交刃になると、上の者は自信があるから動じない。ところが下の者はずーっとそこに居たら打たれそうな気がするから仕方なしに退る。相手が退れば上の者はまた入る。下の者は更に退る。

触刃のときはまだ余裕があったのに、交刃になってこの状態のままじりじりと攻められると、はっきりと差が出てしまう。

交刃になると下の者は硬くなるがそれだけではない。ここで雑念が出る。その雑念というのが驚懼疑惑だ。ここで下の者が恐れるあまり、先に打って出たりする。また相手が少しでも動くと打たれまいとして受け止めようとする。これもこのときにしばしば起る」

小川範士はここまで一気にしゃべったから喉が乾いたのだろう、大口にお茶を飲んでからまた続けられる。

「ここが勝負のつくところだね。互角の相手だったらここが我慢のしどころだ。にもかかわらず、我慢しきれずに相手の竹刀を叩いたり押えたりの悪い癖が出るのもここだね。そうだろう、さっきの稽古でもやっている人がいたね。

では上の者や、さっき言ったじりじりの攻め合いに勝った方はどうかというと、ここで相手が映る。相手が恐れるあまり打って来れば応じ技が遣える。また相手の来るのがはっきり映るから、その出頭を打つこともできる。更には一刀流で最も難しい切り落しなどもここなら出来る」

ここでいったん話を切った範士は、一言も聞きもらすまいと目を輝かせている一同を見渡して、

「みんなも高段を持っているのだから、こうして話せば自分たちの経験で分かるね。上に懸かったときはどうだったか、下を相手にしたときはどうだったか。面白いもんでね、上に懸かったと

きに苦しまぎれに打って出て失敗したことはよく覚えている。ところが下を相手にして、今言ったことをやっているのに自分が気付かないことが多いのだ。だからね、上に懸かるだけが上達する道ではない。下を相手にしたときも気を抜いた稽古をしなければ上達するのだ。

触刃と交刃、このことが分からない高段者も随分居るね。いきなり入って来て機会も間合もかまわず打って来る。そんなのは剣道じゃないね。ここに来る人にも何人かいるなぁ。あはは」

一同も可笑しくなって笑う。口に出しては言わないが、皆思い当たる人があるようだ。

「昔、持田先生が立会審判をされたとき、触刃、交刃の解らない人の試合になると、すぐ止めさせられた。あの方が立会われるんだから段や称号の低い人たちの試合じゃないね」

小川範士は米寿を迎えたが非常にお元気である。ただ膝と耳だけが少々不自由のようだ。なんと言っても膝は酷使されている。少年時代から八十年近くも道場で動きまわった足だ。耳も高齢だから仕方のないことだ。昔から耳の遠い人ほど長寿と聞く。野間道場の関係者は、そのことを大いに期待している。

範士は節くれ立った大きな手で膝をさすりながら話を続けられる。

「交刃は即ち一足一刀の間だね。触刃に始まって交刃になる。ここが生死の分かれ目。だから生死の間ともいう。さっき言ったことを刀でやったら生か死かすぐに区別がついてしまう。生死の間に入ると千鍛万錬の人は益々意気が盛んになる。このことを別の言葉で〝かりのれん〟ともいう。かりは火の裏と書く。れんは蓮だね。燃えている火の中へ物を投げ入れる。草や木は忽ちしおれてしまう。蓮の花だけは色も匂いも益々良くなる。このたとえの通り、交刃になると鍛え上げられた人は益々気勢が盛んになる。鍛えの足りない者は花や木と同じに忽ちしおれる。剣道でいう鍛えは他のスポーツ選手と違うところがある。体だけを鍛えたのでは駄目だ。心の修行をやらなければいけない。そこのところを近世の剣道家ではっきりさせたのが山岡鉄舟先生でね、山岡先生は禅もやられた。

さっきも言ったように触刃でいるときはゆとりがあって技が効く。これを僅かに入った交刃になると技は効かない。じりじりとした攻めから自分の人格の全てで対しなければならない。こうなると心の鍛錬がものをいう。交刃の間で本当に張り切る、また逆境になればなるほど益々意気が上る、このことを〝火裏の蓮〟という。剣道はこういう高い所がある。これが剣道の生命。これが無ければ単なるスポーツ。スポーツの中でも四十番目くらいになり下がってしまう」

小川範士の言葉が切れた。今日は珍しく質問をする者がいない。これほどまでも詳しく説明を聞いたらその必要はない。みんな頭の黒板に書き込むことが出来たのだろう。範士の手は休みなく膝の上を行き来している。それからまた話を続けられる。

「交刃の間でじりじりと攻めるということは平常心でなければ出来ない。持田先生は間が明るいから相手の気持ちがよく映った。映るから更に攻められる。攻めがあって間が明るいから無駄打ちがない。持田先生や斎村先生の稽古は剣道形と一致している。

交刃の気攻めの稽古について非常に良い例がある。私はその稽古を見ていないのだが、このことが『剣道時代』（昭和61年2月号）に書いてあった。昭和三十年頃の話だが、場所は下高井戸の岡田守弘さんの尚道館。あそこは昭和二十年代の初めから同志会という会があって今も続いている。剣道復興に尽す同志の集まりだから同志会とつけた。私もその会員だったのだが、あるときたまたま天候が悪く集まったのが斎村先生、小野十生先生と警視庁の助教をしていた黒嶋一栄君の三人。稽古をされたのは斎村先生と小野先生で、見ていたのが館長と黒嶋君だったそうだ。

斎村、小野の両先生は触刃に始まって交刃に入る。斎村先生がじりじりと攻められる。気当りで攻めて攻めて、とうとう道場の端まで追い込んでしまった。小野先生も剣道が分かっているから苦しまぎれに無闇矢鱈と打って出るようなことはしない。いや、出られないのだ。小野先生が道場の端まで行って、もう退る所がない。そこで斎村先生が例の豪快な面を打たれた。ここで向きを変えた両先生は、又も同じことのくり返しで道場の端まで来てしまう。こうなると剣道がそのまま形だ。三本目の形、あれと同じだ。こういう良い例を頭に置いて、打たれながらも剣道を重ねていれば事理一致の立派な剣道になる」

（このときの稽古の様子は「ある故人の話を思い出して」に詳しく記してある）

五

ある年の冬の日曜の朝だった。小正月を過ぎて間もない頃である。その日はいつもより稽古に来た人が多かった。しかも古参の七段が多く来た。稽古を終えて風呂から上がった面々は、いつもなら早々に帰る人も今日は師範室の内と外に座り込んでお互いにお茶をつぎあっている。

小川範士はいつものようにゆっくりとした動作で稽古着や袴を所定の場所に懸けられると、正面の座につかれた。それを待っていたかのように最古参の七段が「先生、今度の日曜日に審査があるんです。皆んながこうして揃っていますので、審査についての注意をお願いします」「ああ、今度の日曜日に、東京都の予備審査か、わかった。東京は大勢だからね。毎年意外な人が落ちる。去年は警視庁のD君が落ちた。普段は良い稽古だがね。あれが落ちるはずがないと思う人が落ちた。京都へ行っても通る稽古だったが……。今は八段になっているO君もK君も落ちたことがある。技ばかりの稽古の人は落ちる。油断出来ないね。皆んなも一所懸命やることだ。一所懸命にね」

ズラリと並んだ人たちの中で笑顔で聞いているのはまだ受験資格のない人、小川範士の話の途中から顔をこわばらせている人は次の日曜日に八段の予備審査を受ける人と明暗がはっきり分かれている。

「蹲踞のときも大事だ。が、相手と立ち上がってね、ここのところでもう試合が始まっている」

範士は左右の人差し指を一、二センチの所まで接近させて形をつくって見せる。聞く方の緊張した目が一斉に範士の指にそそがれる。「ここの所が大事なのに、剣先が合わさってからやっている。剣先が合わさるともう相手かまわず技を出してくる。そうなって受け太刀になると二分くらいはすぐ終ってしまう。相手に先《さき》に技を出されてからあわててチョボチョボと技を出す。これだから駄目だ。ここで始まっていれば先《せん》をとれる。相手がいきなり来ても応じられる。ここが大事だ。それをここから（指を交差させて）始まるからやりにくくなって両方とも良いことにならない。（指を一、二センチ離して）持田先生はいつもここだ。持田先生が立った時、ここでもう相手に攻め勝ってしまう。攻め勝ってから入られるからみんな打たれてしまう。ところがみんな剣先が合わさった所から攻めると思っている。そんな所から攻めることなど出来っこない。だからまごまごしているうちにだんだん押されてしまう。言ってみれば、持田先生は立ったときにもう整っている。こちらは整っていない。（指と指を交差させて）ここから始まると思っているから両方とも駄目になるんです。

その次はね、普段の稽古の力を出すことだ。試合じゃないんだから余計に打って当たったからいいというものじゃない。そうかといって地稽古でもない。だからね、試合的な地稽古、そういえば分かるでしょう。なかにはね、分からないのが滅茶苦茶に打って来ることがあるが、この間合でいればどうにでもなる」

範士は列座の中の一人を指さして、

「君はまだ八段を受けられないのか」

「はあ、まだです」

小川範士が話しかけた人は四十代半ば過ぎで良い稽古をする人だった。向き直った範士は、

「早く取っておいた方がいいな。四十九ぐらいで取れるといいな。年をとればだんだん悪くなる。まだ何年も受けられるなんて思っているとだんだん悪くなる。その良い例はO君だよ。四十代のO君は良かった。持田先生が日光大会に出したくらいだからね。そのとき安藤利英君は出さなかった。ところが、O君は八段になれなかった。安藤君は範士になった。死んじゃったけどね。だから一寸遅れるとそうなってしまう」

しばらく沈黙が続く。いつものように質問を出す者もいない。気を利かした長老のA七段が、

「先生、この他に特に注意をしなければならないところを教えてやって下さい」

「無駄打ちはだめだね。良い技だからといって余計に打ってもだめだね。だから全日本選手権で優勝したようなのは京都でよく落ちるね。うまい所を打つんだがね。（指を深く交差させて）こんなに近くへ入って打っている。無駄打ちは整っていない証拠だ」

意気の上がらない面々を見渡した範士はなぐさめるように、また励ますように、

「自分の得意の技が出るようなら大丈夫だ。得意の技がな……。それと初太刀を取らなきゃなあ。初太刀を相手に取られて、あれあれと思っていると時間がすぐにたってしまう。

だいぶ前だがね、警視庁にSというのがいた。Sの技は良いよ。あれが京都で八段を受けたとき当たったのが大阪のNだ。それまではSの方がずーっと上だった。ところが立ち会ったらNに先にポンポン打たれてしまったから技が出ない。Nは通ったがSは落ちてしまった。初めに一寸まごつくとだめになってしまうんだ。

八段の場合は気分と構えと態度と技を見るからね。これの総合だ。だから、俺はあんなに良い所を打ったが落ちたなんていうのは、気分とか態度とかに欠陥があるからだ。気分も態度も良くても一本も打たないのはまずいね。二本くらい打ってね、それで立派に遣えれば良いね。ここに来ているN君ね、応じ技は良いんだ。八段を受けるとき注意してくれと言ったから、君は応じ技

が良いから相手が打って来ても応じられる。自分の方から技を出すな、と言ったら通ったね。だから人それぞれによるわけだ。

といってもね、〝待ち〟の稽古の人にN君みたいに打つなではまずいね。だいぶ出来る人なら技を出すなと言っても分かるけど、そこが分かるまでは大変だ。

みんな色々と試合に出ていると思うが、自分が良く出来たときと、あまり良く出来なかったときの試合を考えてみるんだな。自分が良く出来なかったときはどこが悪かったか、それと反対に良く出来たときはどこが良かったか、それを自分のものにする。

私が三十才頃、試合で気分で攻めていながら小手を打たれることがあった。そこで考えた。相手が小手を打ちたくて打って来る。それを応じるのも技だが、相手が小手を打って来る先に打つのも技だ。そこは考え次第だ。だが小手を打たれまいとすると小手をかばって変な格好になる。小手を打ちたい相手には打たせりゃいいんだ。そう考えたら楽になる。

三十二のときKという人とやった。凄い稽古の人だった。最初に小手に来た。知らん顔していた。次に面に来たから突いた。そうしたら道場に仰向けにひっくりかえってしまった。あそこで小手を打たれまいとしたらだめだったね」

お茶を呑んで一息入れてから再び続けられる。

「これは私が若い頃の話だが、人間はね、名利を超越出来れば本物だね。その良い例が持田先生だ。斎村先生が私に『持田さんは強い。本当に強い。それは名利がないからだ』と言われた。それを証明する話がある。

持田先生が警視庁をやめたときだった。某大学の総長が教授としてぜひ来て欲しいといって訪ねて来た。だが持田先生はその話を即座に断ってしまった。なぜか。持田先生のように名利のない、正しい剣道の修行をしていると相手が映る。相手の心、相手の考えが映ってしまう。その話の裏にあるものを感じとって断られたんだと思う。そうしたら今度は月給を二万三千円送って来た。当時としては大金ですよ。普通なら貰いますよ、生活がありますから。だが持田先生は違った。その金を送り返してしまった。

それから五、六年たってからです。斎村先生の所へ一通のハガキが届いた。その大学から剣道師範をやめてもらいたいという通知だったんです。たったハガキ一枚でですよ。ところが同じ頃、持田先生の所には封書の立派な招聘状が届いていた。勿論、このときも持田先生は断られた。片方にはハガキで片方には鄭重な手紙。これで分かるでしょう、持田先生が断られた理由が。

しかし普通の人にはなかなか出来ません。ここが持田先生の偉いところだ。もしこのとき、この招きを受けていたら後世の持田先生の評価はだいぶ違ったものになったと思う。それが持田先生の真意でなくても、形の上では親友の斎村先生を追い出したことになっちゃうからね。名利を超越した持田先生の目が、邪《よこしま》な考えを持った人の心を見抜いてしまったわけだ。
また持田先生の厚い友情、深い人間愛を示す話がある。

これは持田先生から直接聞いた話だが、昭和二年、右武会から持田、斎村、小川、中野の四人が範士の推薦を受けた。ところがこのとき斎村先生だけが落とされてしまった。これを知った持田先生は、『斎村さん一人だけ落とされたんでは気の毒だ。今回は我々が辞退して、来年四人揃って一緒に貰おう』と小川、中野の両先生に誘いをかけた。だが両先生は『せっかくくれるというんだから貰っておこう』と賛成しなかった。結局、斎村先生だけが範士受領が遅くなってしまった。

この頃、持田先生は四十二、三の盛りのときです。普通なら競争心がありますから、何でも人より上に行きたいと考えて当然。範士も一年でも早く貰いたいと思うのが人情だ。だが持田先生はまったくその気がなかった。これは並の人の出来ることではない。

前の大学の話といい、この範士受領のときの話といい、持田先生という人の立派さを象徴する話だね。今の世の中、こんな人はなかなかいない。みんな名利に走るのが普通だからね。自分も活きて相手も活かす。持田先生の生き方は山岡先生の〝火裏の蓮〟に通じるところがあるね」

持田先生の話をされる小川範士の表情には、師匠を尊敬する気持ちがあふれているようだった。

六

正面に座った小川範士は、いつものように淡々とした口調で話を始められた。

「みんな福岡に聖福寺というお寺があるのを知っているかな」

僅かな沈黙の後、「はあ、名前は聞いたことはありますが、まだ行ったことはありません」と誰かが答えた。

稽古が終って師範室に座り込んだ人たちは、しばらく振りで見えられた小川範士の次の言葉を待った。さて今日はどんな話になるだろう……。

「その聖福寺に仙厓《せんがい》という坊さんの額がある。昔から禅宗の坊さんは絵が上手だ。禅宗では無駄をはぶくことを教えているから、どれも簡素なものが多いが、仙厓和尚のこの絵も簡素だ。真ん中に大きなガマがいて、その下の地面にミミズが一匹。ただそれだけ。ところがこの絵は大変いいことを教えている。

その賛に〝動いたら食うぞ〟と書いてある。ガマは強い。ミミズは弱い。強と弱と相対しても一念（心）が動かなければ、そこには強弱優劣はない。無敵の位である。山岡鉄舟が言っていますよ。『夫れ剣は無敵に至りたるを至極とす。優劣ある時は無敵に非ず』と。これを心という。一念が生ずるとそこに優劣が出来る。そこを〝動いたら食うぞ〟というんです。

これを剣道の名試合の例でいえば、松崎浪四郎と警視庁主席師範・逸見宗助の明治天皇の御前で行なった試合。

この試合は、互いに対峙して三十分、どちらも動かなかった。そして遂に逸見先生、一念が動いた。それは逸見先生の得意技は僅かに小手に隙を見せる（相手の竹刀に添うように剣先をわずかに下げる）。相手がその小手を打とうとすると、すかさず片手突きで突いてしまうんです。これが逸見先生の十八番。

互いに三十分対峙し、逸見先生がこの得意技を出そうとした刹那、松崎先生は逸見先生の小手を打ってしまった。

これは木下寿徳先生がこの試合を見学し、実に名試合であったとの直話です。これが〝動いたら食うぞ〟の実例です。

持田先生は木下先生の著書でこの話を知り、『三十分とは恐れ入ったものだ。十分でも一念不生、即ち正念相続は容易なものではない』と舌を巻かれていたが、この一言でも持田先生の剣の心境の高いことが窺われる。

持田先生などは、相手が打とうと思うと、それが映るんです。だから相手が面を打とうと思うと、その機先を制してしまう。この映るということが大事なんです。世渡りでも同じですよ。

この前話したが、持田先生が警視庁を退職した時、某大学から教授に招かれたが、持田先生には相手の魂胆が映った。実は前任者を辞めさせようとしていたのだが、それがわかったんですね。それで断ってしまった。これは剣の応用です。

仙厓という坊さんはえらいね。こういう大事なことを描いているんです。一休以上だと言われていますよ。

とにかく一念（心）が動いたら、二念三念と生じて妄想となる。だから莫妄想、一念不生の修行をしなくちゃいけない。だがこれは難しい。ここのところは、ただ動かないというだけではなく、寂然という字でも入れないとうまく説明出来ない。『寂然不動』ここへ入っていかなければ駄目ですね。

斎村先生と持田先生の試合は、まあこれにいくらか近い。動いたら食うぞと。だから見る人が見たらたいした試合ですよ。だが見る目のない人が見たらちっとも面白くない。動きがないからね」

範士の話の内容は、剣にも禅にも通じる非常に高度なことである。その高度なことを誰にでも分かるようにかみくだいて説明されている。ここまで詳しく説明を聞けば、若い人たちにも理解出来るだろう。

ところで小川範士はあまり語りたがらないが、範士自身も我々の手本となる素晴らしい試合の経験を持っておられる。

それは範士が警視庁へ入って四年目のことである。警視庁で行なわれた大会で増田真助先生（天覧試合優勝者）と対戦された。立会は斎村先生。この試合はどちらも一本も打たなかったという。

増田先生は小手を打とうと思って下から攻める。そこで範士がそこに居れば小手を打たれてしまう。竹刀を上げても小手を打たれる。そこに居れば下から打たれる。上げても打たれる。

そこで範士は相手が出ようとしたところをスーッと入ってしまった。そうすると立場が逆になって、増田先生はそこに居れば面を打たれてしまう。だから退がる。それで元にかえって同じことのくり返し。それを三、四回やって試合は終った。勝負がつかないので二分間の試合を一分延長して三分間やったという。

この試合のあとで斎村先生が言われるには「どうして増田さんはあの小手が打てないんだろう。気で追い込まれているんだな」

斎村先生はまた「私と持田さんとの試合はそれだ」と。「持田さんは小手が得意だが、小手に来れば小手なんか打たして自分は面に出ちゃう。私は面が得意だが、私が面に行けば持田さんはその起りを小手を打つ。だから私は面に出られない。持田さんも得意の小手が打てない。どちらもそれだからにらみ合いだ。退がらないでずーっと一本も打たない。私と持田さんの試合はそういう試合だ」

どちらも打たない。動けば打たれる。面を打とうと思えばパッと心が動く。だから思ったら負け。思ったら後手となる。剣道は最後はそこまで行く。それが、範士がいつも説かれる事理一致の修行であろう。

範士は一息入れてから、京都大会の試合について触れられた。

「京都大会で打たなくても良い試合があった。小野十生先生と越川秀之介先生の試合だ。

この前、杉並の尚道館で斎村先生と小野先生が稽古されたときの話をしたが、斎村先生と小野先生では差がある。差があるからああいう稽古になる。だが小野先生と越川先生には差がない。互角だ。

立会は持田先生。時間は約五分。一足一刀の間でギリギリ、ギリギリ攻め合って、一歩も退かない。どっちも。それが五分続いた。それでも持田先生、目がいいからやらせておく。やめさせない。

そのうち、気合が乗って来たのに違いないが、隙がないのに小野先生が面を打った。そうしたら越川先生が下から突き上げた。それで元に戻る。しばらくして今度は、越川先生が気合が乗って来たので大きく面にいった。すると小野先生が下から突き上げる。そこで持田先生がやめさせた。

これなら、一本も打たなくても良い試合でしょう。気合が乗って面に出る。乗っているから突き上げる。こうでなくちゃいけないね。小野先生と越川先生の試合、これは立派な模範試合だ。持田先生の立会がよかったね。好試合だから五分以上やらせた。あとでこの試合を持田先生が批評して、小野先生に八十点やるって言っていた。

しかし斎村、持田、小野、越川とどの先生もみんな内藤先生（大日本武徳会の主任教授）の教えを受けています。武術教員養成所で基本から鍛え抜かれていますよ。

ある人が私に言ったことがある。剣道の専門家というのは、京都の武術教員養成所の卒業生と、道場では修道学院、有信館、ここで鍛えた人。あとはだめだと。まあこれも一つの見方ですね。

内藤先生の基礎教育がいい。内藤先生の教え方は〝私〟をなくさせるんです。だから稽古で小手や胴を打つと嫌がった。そんな小器用なことをするなと。諸手突きと振りかぶった面にはまいったと。そういう教え方なんです。

それともう一つは、早技よりも相手が何かしようと思った時にぐっと出る〝気当り〟、これを教えた。ポイントだけを教えている。だから内藤先生の弟子にはいい人が出るわけです。

そしてその人たちが自分の教える学校なり道場なりへ行って指導する。その指導は内藤先生仕込みですから、そういうところからはまたいい人が出ることになりますね。

だから、そういう意味から、剣道は争わない前に勝つ。つまり〝動いたら食うぞ〟なんだから、ただ当てっこで勝った負けたを高段者にやらしちゃいけない。天覧試合に内藤先生が反対したのはここにあるんです。高段者を当てっこで決めれば、剣道は当てっこになっちゃう。これで日本の剣道は滅びたと嘆いたんです。

ただ当てっこだけでいけば精神面は滅びますよ。滅びちゃってスポーツだ。

今から十数年前のことだが、ある合気道の師範が武道の研究会で発表した。『剣道の将来は遊芸として残る』と。遊芸ですよ。これを聞いていたある範士が怒ってね、私に話すんです。

しかしね、世間ではそういうふうに見ている人もいるということです。その辺のところをもっと真剣に考える必要があるね」

七

昭和三十年代、全剣連では五人の先生に十段を授与している。最年長は明治十七年生まれの小川金之助範士、ついで明治十八年生まれの持田盛二、中野宗助の両範士、それから同二十年生まれの斎村五郎、大麻勇次の各範士である。

昭和三十二年までは九段が最高位で、十段の制度が出来たのはこの年の審議員会の決定によるものであった。この制度により最初に斎村、持田、小川、中野の四範士に十段が授与され、大麻範士は少し遅れて授与された。

一般の剣道家から見たら十段は神様に近い存在である。だがこれらの先生方が十段位を与えられたとき、それぞれに違った反応を示されている。この反応は後世の我々にとって貴重な教訓となる。

この教訓を理解し易くするために、当時の剣道界の状況を述べておこう。

今は当時の状況を詳しく知っている人は少なくなったが、当時を最もよく知る人に渡辺敏雄範士がある。渡辺範士は昭和十九年に大日本武徳会の事務局に入った。そして一年後に終戦を迎え、今度は自らの手で武徳会の解散処理を行なわなければならなかった。

当時は全国の主要都市が焼野が原になっていた。終戦と共に世の中が一遍に変わってしまった。人心は荒れ、暴動が毎日のように起きた。誰も彼も衣食住に事欠き、職を求めて右往左往していた。

そんな世情であったが戦前からの剣道家たちは、剣道の火種を消さないための努力を続けていた。東京にはその先頭を切って活躍している人たちがいた。柴田万策先生を中心に若き日の中野八十二、羽賀準一、渡辺敏雄の各先生たちである。

この人たちが最初に稽古場として借りたのが池袋に焼け残った白土留彦範士（のち九段）の忠信館道場だった。それは終戦の翌年、昭和二十一年の夏頃のことで、集まったのは東京高等師範学校（のち東京教育大）、立教大、早大、拓大などの学生たちである。後に警視庁の助教たちが十二、三名加わり、毎週三回の朝稽古が行なわれた。ところが少しずつ仲間が増え出した頃、進駐軍の知るところとなって憲兵（ＭＰ）がジープで乗りつけ即停止である。

白土範士の道場には併設の幼稚園があった。この私立の幼稚園を公共の施設と見なし「ここでの剣道はやってはいけない」となった。これは進駐軍が剣道をやらせたくないための言いがかりである。戦勝国の進駐軍は絶対的な権力を持っていた。彼らには逆らえない。荒廃の中にようやく育ちかけた剣道の芽が摘まれてしまった。だが剣道は止められない。

渡辺範士は高等師範の出身だが、若い頃の渡辺範士は学校の教師には向いていなかった。誰よりもすぐれた構想が立ち、立てた構想を実行する際にも誰にも負けない行動力があった。範士は幼稚園の道場が駄目なら仕方ないと、今度は戸塚警察の道場を借りるよう交渉し、これに成功した。そして白土範士の道場が使えなくなってから暫くの間、中断したが、またいつもの顔ぶれが集まって稽古が再開された。

ところがここにも長くはいられなかった。道場の床の張り替えを名目に追い出されてしまう。そこで戸塚署が駄目ならその隣の早稲田署で、というわけで早稲田署に移った。ここは交通は不便だったが、やっと落着いたと思っていたら今度は進駐軍が警察の剣道も禁止してしまった。

こうして進駐軍の剣道弾圧は次々と強化される。戦前からの人なら記憶があると思うが、昭和二十二年頃は防具をかついで剣道場通いが出来るような社会ではなかった。同志の面々は敢えてそれをやろうとするのだから圧力がかかるのは当然であった。

戦前の都内にはかなりの数の道場があった。後に戦災に遭ったり、終戦と同時に剣道の前途を悲観した持主が売ってしまったり、住宅に改造されたりした。そんな中、わずかに残っている道場があった。その一つに杉並区下高井戸の駅から二、三分の所にある尚道館道場がある。この道場は全くの個人の持物で幼稚園の併設もない。岡田守弘館長（のち剣道、居合道共に範士八段）は明治二十七年の生まれで気骨のある人だったので残せたのであろう。剣道復活に燃える人たちはこの尚道館を借りることによって安住の地を得た。それは終戦から二年後の昭和二十二年であった。

現在の下高井戸辺は高級住宅地である。だが終戦当時は人家が少なく、楢や欅《けやき》の林があって平坦な畑が続いていたから武蔵野の面影が残っていた。稽古日になると係の者が農家を廻って芋を買ってくる。稽古が終るとそれをふかして食べ、空腹をいやすのである。全てにおいて今日とは隔世の観のある中での稽古だった。

同志の人達は尚道館に稽古場所を得て、ようやく剣道の火を消さずに済んだ。尚道館で稽古をしている分には進駐軍の弾圧はない。そして稽古に来る人がだんだんと多くなった。今から見ると実に豪華なメンバーである。持田盛二、斎村五郎、柴田万策、堀口清、少し年下では渡辺敏雄、中野八十二、羽賀準一、石関進、河島蔚、森島健男、小室長二郎、松元貞清、黒嶋一栄、福永篤、加藤藤太郎など名剣士ぞろいである。この外に館長父子と尚道館の門弟が多く参加している。

これだけの稽古会になると名前が必要になる。その名前は剣道の火を消さなかった同志の集まりだから「同志会」とした。この同志会は年々盛んになる。昭和二十五年に入ると剣道復活のための組織作りの気運が盛り上がってきた。それには首都が先駆けをしなければならない。幸いに同志会には組織作りの名人がいた。渡辺敏雄範士である。渡辺範士は戦前の武徳会の事務局にいたからその方面には明るかった。進駐軍の意向も分かる。彼らが解散命令を出せない組織を作らなければならない。ここで斎村、持田両先生が同志会への全面協力を呼びかけ、事務局を渡辺範士に、各官庁の交渉は柴田万策先生に、警視庁方面は堀口先生にと、ただちに活動に入った。

渡辺範士は無給のまま一年をかけて東京都剣道連盟の組織の大綱を作った。これはそのまま全国組織にも通用するものであった。

都剣連の組織の大綱が出来たところで創立総会を昭和二十六年の一月に開催することになった。だが困ったことに一面の焼野が原である。会場がない。仕方がないから麹町四番町の有力者、鏑木武盛氏（教士七段）に協力してもらって鏑木氏の自宅をその会場にした。かくして全国組織に先駆けて東京都剣道連盟が、寒風吹きすさぶ中で産声をあげたのである。

このときは物がみな不足の中、鏑木氏が多くの私財を提供している。現在、鏑木氏は七十を越えているが、何事もなかったかのように黙々と野間道場の朝稽古に励んでいる。この人の隠れた功績を知る人が少ないのは残念である。（このことは「全剣連誕生史秘話」で詳しくしてある）

同志会の中心メンバーは東京都剣連が出来るとただちに全国組織を創る作業にかかった。幸いなことに翌二十七年には講和条約が締結され進駐軍の干渉も無くなった。折から澎湃《ほうはい》として起った全国組織結成の気運に乗って昭和二十七年、全日本剣道連盟が誕生したのである。

全剣連が生まれるまでの二年間の渡辺範士の苦労は大変なものだった。各都道府県剣連の上部団体としての会則並びに諸規定、試合審判規則、審査規程、アマチュア規定など諸々の草案を独力で作成した。その苦労が実って全剣連が誕生すると、前にも増して多忙になった。この間の渡辺夫人の苦労も大変なものだった。今はこの夫婦のご労苦を知る人も少なくなってしまった。

全剣連が発足して五年目、昭和三十二年春から審議員会は一つの議題をかかえて議論が沸騰していた。もめている議題というのは、それまでの九段の上に十段を作るか否かという問題である。賛成派にも反対派にもそれなりの理論が整っている。しかも賛否が全く同数で、何回会議を重ねても決着がつかなかった。結局、両派の意見を公平に審議してきた議長の一票がこの案の行方を決めることになる。議長の賛成でこの案は可決された。こうして十段制が施かれ、それによって冒頭に述べた五人の先生が十段に昇進したのである。

さてその十段を授与されたとき、それぞれの先生方はどのような反応を示されたか。小川忠太郎範士の回顧談と野間道場師範・望月範士八段の直話によると持田範士の場合は次のようであったという。

今は無くなってしまったが、東京文京区にあった妙義道場の館長や幹部は持田範士の十段昇進を聞いて大変喜んだ。持田範士は創立当初からこの道場の師範だったからである。幹部たちは喜びの余り万歳をくり返したが、落着きを取り戻したとき誰の心にも一つの不安が湧いた。

その不安というのは、いずれ日を決めて道場主催の祝賀会をやらなければならない。だがその祝賀会の開催を、当の持田範士が賛成されるだろうかということである。範士の普段の様子からすれば答えは決まっている。

「無駄なことはしないで下さい」

こう言われてしまったらおしまいだ。さりとて祝賀会をやらないわけにはいかない。集まって相談してみたが名案は無かった。思案に行きづまり、結局、持田範士に知らせないまま準備を進めることになった。先ず全剣連に連絡して十段の免状を祝賀会の日の決めた時間に渡辺事務局長に届けてもらうことにした。

ひそかに祝賀会の計画が進められて、いよいよ当日となった。幹部の意向が伝えられているから稽古が終るとそれぞれ掃除をする者、敷物を敷く者、お膳を並べる者等、大勢の人たちが手際よく準備を進めた。最高幹部は一言のお祝いも述べずに師範室で持田範士と当たりさわりのない世間話をしている。もう一組の幹部は集まって式典の打ち合わせをする。司会は誰、祝辞は何先生と何先生、乾杯の音頭は何先生、中締めは何先生等と準備を整える。

やがて全剣連の渡辺事務局長が免状を持って到着する時刻になった。頃合いはよし、さあ持田範士を道場の正面の席へご案内しなければならない。このとき望月範士が、「持田先生、今日はおめでたいことがありますのでこちらへお座り下さい」と申し上げると持田先生は道場へ入り「今日は何があるんですか」と言って座られた。そこへ都合よく渡辺事務局長が十段の免状を捧げて来て持田範士にお渡しした。すると範士はその免状をポイと前に置かれると沈黙されてしまった。範士が免状を受け取られたら全員で拍手するという手筈が完全に狂ってしまい、道場の幹部たちは顔色を変えた。さあ困った。座は完全にシラケてしまって、司会は会の進行が出来なくなってしまった。大勢の人が無言で座っている。誰一人として発言する者もなければ座を取りなす者もない。せっかく温めた酒も冷たくなる。

望月範士はこの日、責任の重い司会役、小川範士は乾杯の音頭と決まっていた。両先生とも「あんなに困ったことはない」と述懐されている。

持田範士はこのとき、集まった人たちを前に次のように語っている。

「実力がなくてこんなものをもらって価値があるだろうか。私の剣道は日暮れて途遠《みち》しです。皆さんは若い。頑張って下さい」

この言葉は、持田範士の人柄と剣道精神がよく表われている。段や称号ばかりに気をとられている剣道家が多い昨今、持田範士のこの名利にとらわれない精神こそ、大切な教訓として我々が手本にしなければならないだろう。

十段の昇段に対する持田範士の反応は以上の通りだが、他の先生方はどうだったろうか。ある先生は十段の免状を捧げて伊勢神官にお詣りし、家門の名誉を涙ながらに報告されている。また別の先生はわざわざ全剣連へ免状を取りに出向かれたという。

全日本剣道連盟会長をつとめた故石田和外先生は、剣道十段位の資格には次の二つの条件が必要だと言われている。

一、剣道の実力が十段に相当すること

二、自分で十段を欲しがらないこと

持田先生は自分には十段の実力がないといって大衆の面前で辞退されたのである。このような高潔な達人によってこそ、日本剣道は「道」としての生命があるのである。

桜田余聞

薩摩藩邸の長屋の門を足取りを重く出てきた中年がいた。門番に軽く会釈をすると門前の道を左へ行き、少し歩いて松平時之助邸の角を右に曲がり、真っ直ぐに行く。幸橋御門をくぐり、なおも真っ直ぐに行く。

この通りへ出ると人通りが多い。大通りで三回ほど振り返ったが、久保町（今の霞が関辺）へ入ると右へ曲がった。

とある門の前に足を止め、ちょっと考える風だったが中に入った。

門から敷石をつたって行けば大玄関、武士は右へ回って脇にある小さな入口に立つ。案内を乞い、腰のものを鞘ごと抜き取ると右手に持ち換え、廊下を大股に行く。案内された離れにはこの家の主《あるじ》がいた。

主客の挨拶は至って簡単である。

「お邪魔する」

「無事に帰られ祝着に存ずる」

「発つときは数々のお心遣い、改めてお礼を申す」

「至らぬことで。ところで、上方の模様は」

「与えられた役目は果たしてまいった」

「それは結構」

「塚田殿、今晩は泊めてもらいたい」

「ご遠慮なく、ゆっくりされるがよい。それがしも上方のことを聞きたい」

「かたじけない。実は……つけられている」

「あははー、犬を道づれにされたか。上方からではあるまい」

「さよう。桜田の薩邸を出てから二匹がついてきた」

「ここへ入られては犬も諦めるだろう。ところで、いつ帰られた」

「先月の二十七日、四日前の今頃、江戸に着いた」

「鳥羽田へはまだであろう」

この人の家は茨城郡の鳥羽田にある。

「それどころではない。こうも奔走が長びくと子供が親の顔を忘れるかもしれない」

塚田は笑いながら、

「そのようなことはなかろう……。向こうでは同門の島に逢われたであろうか」

「島男也《しまおなり》と佐久良東雄に世話をかけた。島は生魂神社の近くで道場をやっている。なかなかの盛況だ。佐久良は久太郎町東入ルの露地奥に隠れて住んでいる。東雄は用心深くて逢うまでにいろ

いろどあって、ようやく逢えた

「逢えてよかった。二人はつつがなくて結構だが、桜任蔵は惜しいことをした」

「任蔵の訃報は江戸まで届いていた？」

佐久良東雄と桜任蔵は尊皇攘夷の志士で盟友、義兄弟を結んだ仲で、共に上方で国事に奔走していた。島は結城の浪人で若いころ塚田と一緒に稽古を積んだ。島も佐久良や桜の仲間である。

「桜はあまりにも急だった。一服盛られたのではあるまいか」

「何ともいえぬ。内藤文七に残ってもらったから、いずれはっきりするだろう」

「両崎に逢えたか」

両崎とは山崎猟蔵と川崎孫四郎のことで、二人とも水戸藩北郡奉行の下役。この時は前の奥佑《ゆう》筆《ひっ》高橋多一郎と前の南郡奉行の金子孫二郎の二人の特命を受けて京都と大阪で活躍していた。

「山崎は商都の大阪で丹波屋栄助と称し、八百屋をやっている。常陸弁の八百屋はお笑いだ」

「客の方が驚くだろう。赤穂浪士に似たことをやる」

「山崎の店は日暮れになると、売れ残ったものを誰彼なしにただでやってしまう。これが評判になると、そこは大阪人だ。客の方が話し合って日暮れになるまで買いに行かない。あはは——」

「山崎らしい。川崎はどうした」

「山崎の話では、川崎は京都で活躍していたが江戸へ下ると言って発った。我々は逢っていない」

「川崎に逢えなくては仕方ない」

「山崎の話すところによれば、彼らが上京するとき面白いことが続いてあったようだ」

「ほうー」

東海道の新居の宿場を過ぎると山崎のわらじが切れた。予備のわらじを取り出して履き替えている間に川崎は先に行ってしまった。

一人になったところへ折悪しく、道中を警戒していた同心に怪しまれ、数名に取り囲まれてしまった。六人だから切って抜けられないこともないが、後が面倒だ。

わらじの紐を結んで立ち上がったときの山崎の顔は、僅かのあいだにぼけ顔に変わり、口からよだれを垂らしている。

捕り手は怪しんであれこれと問いただす。山崎はにわかつんぼになってにやにやしていたが、突然、袴の前をまくり上げると捕り手に向かって小便を始めた。捕り手の方が驚いて「こりゃー、馬鹿じゃ」と言うと立ち去った。

川崎に追い付いたら着物の前が濡れていたので川崎が聞いた。事の始終を聞いた川崎が、どちらが馬鹿かと大笑いをしたという。

「両崎は京大阪で次の大事のためによく準備していた。今は薩士を何時でも迎え入れる用意ができている」

「それは結構。ところで貴公、旅の疲れか元気がないの。体に不調があるなら近くに良い医者がいる」

「うん、この病気は医者では治らぬ」

塚田は天井に目をやって、しばらくの間、考えるふうだったが、

「医者でも治らないということは、こと志と違っての気落ちか」

「さよう、外された」

「貴公のことだから鬼退治を外されても、代わりの役目は大きいものだろう」

「腹の虫がおさまらぬ、聞いてくれ。金子様はそれがしに上方へ行く役目を仰せ付けられるとき約束された。赤鬼退治には必ず加えるとな。

それが明日に迫った今、薩摩の藩邸で稲田に代われと言われる。上方の用を急ぎ済まして帰ってみればこの様変わりだ。金子様も罪なことをなさる」

「それはまたどうしたことか」

「稲田がいうことを聞かない……。彼は『喘息《ぜんそく》のそれがしに死に場所を与えよ。腕には覚えがあ

る。鬼は必ず仕留めてみせる』と何回も食い下がる。

それがしは金子様に言った。『稲田は老年、それがしは壮年。壮年の方が鬼退治に役に立つ』。何回も言うが稲田は承知しない」

来客の気持ちは痛いほど解る。慰めてやりたいのだが適当な言葉が出ない。

「……それは気の毒。思慮深い金子様が言われるのだから止むを得まい。諦めて今宵は二人で飲み明かそう」

稲田重蔵は重い喘息を患《わずら》っていた。金子は病気の彼を戦わせずに、自分の供として大阪へ連れて行くつもりだったが、稲田は喘息を理由に断った。代わりに佐藤鉄三郎が行くことになる。稲田の病気が畑と佐藤の二人を鬼退治に加えることを出来なくした。

畑と塚田の鬼退治の会話は、説明がないと解らない。

江戸幕府は安政元年三月、日米和親条約を結び、五年後の安政五年六月十九日に日米修好通商条約十四ヶ条と貿易章程七ヶ条を結んだ。

条約を結んだのは、さきの二人の会話より二年前のことである。

条約を結んだ背景は、幕府が終始アメリカのハリスに押され通しであったことにある。ハリスは言う。

「いまイギリスとフランスは支那で戦っている（阿片戦争）。間もなく支那が負けて戦争が終わる。あの戦争が終わると英仏の二国は矛先《ほこさき》を日本に向けてくるのは間違いない。貴国は英仏二国に征服される前に、アメリカと条約を結んでおけば、征服されることはない」

ハリスの言うことはある意味では当たっている。

押しの強いハリスは幕府の警告を無視して、江戸湾の奥まで軍艦を乗り入れ、空砲を打ったり、測量などをやるものだから幕府は脅えた。

幕府は条約を結ばざるを得ない状態になった。老中主席堀田正睦《まさよし》を京都にのぼらせ、条約の勅許を得ようとした。が、幕府は幾つもの誤算をしていた。その一つは 五年前の和親条約締結の時、勅許を得ていない。京都所司代の脇坂安宅に事後の報告をさせただけだ。あの時は朝廷から何も言ってこない。今回も儀礼程度ですむだろう。

というような訳で、佐倉の城主の堀田をはじめ老中たちは甘く考えていた。

上京した堀田は公家を廻って大枚の手土産をくばって運動するのだが、金の効き目が一向に出てこない。

公家にも二派があって事毎に対立している。公家も外人嫌いだったが、それ以上に孝明天皇が異人嫌い、二十八才の天皇が英邁《えいまい》だったことも知らない。

若い公家のあいだに時代を先取りしようとする空気があって、いよいよ幕府が弱体になってきた。ここで頑張ると政治を幕府から京都へ返還させることができるかも知れない。この望みを持っていた。

加えて堀田という老中は、誠実な人柄だったが、醜男で風采が上がらない。おまけに喋るのが下手と来ているから公家たちに好感を持ってもらえない。それやこれやの誤算が重なった。

堀田はお正月早々に江戸を発ち、三月いっぱい運動したが、遂に勅許を得ることができなく、四月のはじめ、失意のうちに京都を発ち江戸へ帰った。

幕府は一方に外交問題を抱え、他の一方に将軍の跡継ぎを誰にするかの問題を抱えていた。候補に上がっていたのが紀州家の慶福《よしとみ》と一ツ橋家の慶喜《よしのぶ》である。候補者双方に難点がある。慶福は弱年でこの難局にたえられない。慶喜は人材としてはこの人に勝るものはないが、水戸斉昭の七男だから、大奥をはじめ各方面に水戸嫌いが多くいた。そのような事から双方の水面下の戦いは激しかった。

一ツ橋派は松平慶永《よしなが》を大老にして、老中を押さえて一挙に事の解決を計ろうとした。対する紀州派は井伊直弼《なおすけ》を大老に推した。

紀州家の策士、水野土佐守忠央という家老が大奥と暗愚《あんぐ》の将軍家定を動かして井伊を大老にしてしまう。

このような経過で井伊は老中より一段と権力のある大老に就任する。

井伊直弼が大老に就任したのは堀田が京都から帰った三日後の四月二十三日。大老就任後はお気に入りを要職に付け、反対意見を述べるものは左遷する。水戸嫌いの大老は斉昭、慶篤の藩主親子に蟄居《ちっきょ》謹慎を命じ、次々と弾圧を加えた。

六月十九日には勅許のないまま条約の調印を済ませてしまう。就任僅か二ヶ月後のことである。幕府に不満の朝廷は勅書をくだした。勅書の大筋は、先般アメリカと条約を締結したのは余儀ない次第であった。近く老中間部下総守《まなべしもうさのかみ》が上京して細かく言上するそうだが、先に条約のことを諸大名を集め、評議の結果を聞きたいと希望したのにそれもなく、日本の重大な条約を成立させてから申して来られては天皇のお考えにも背き軽率であった。

国内が騒がしいときに朝廷と幕府の間に実情をつくして合体し、安全にゆけるようにと思っている。三家のうちどちらか又は大老に上京するように伝えておいたがそれもない。三家のうち二家が幕府の譴責《けんせき》を受けて謹慎中と聞く。その他にも処罰されている者がいるようだが、一体どんな理由でそのようなことになっているのか、国内にごたごたがあっては心配の種であり、国家の大事である。

大老、老中三家、三卿《さんきょう》、列藩一同、一堂に会して、誠心誠意協議して国内治平、公武合体、外国のあなどりを受けないようにして欲しい。一日も早く会議を開かれたい。

つまるところ大老のやり方をお叱りである。

このことが朝廷と攘夷活動をしていた志士たちを憤慨させる。

天皇もご不満で九条関白に辞意を伝えられた。

これが世間に伝わると志士たちが憤慨して、火に油を注いだ。

この時、京都で活躍していたのが梁川星巌《やながわせいがん》を頂点に、梅田雲浜《うんぴん》、頼三樹三郎《らいみきさぶろう》など、後の安政の大獄に遭う人々である。

志士たちの運動が高じ、勅書を幕府と水戸家に下された。水戸家の勅書にはご丁寧にも添え書きがあって、「勅書を有力な大名に回達せよ」とある。

幕府にとっては大迷惑の勅書だ。水戸家から取り上げようとした。この役目を負ったのが安藤対馬守で、後に坂下門外で襲われる一因である。

井伊大老は、このままでは幕府が倒れてしまうと案じて、強引なことをやって反幕府勢力の一掃を計った。これが安政の大獄である。

水戸家では勅書は返すべきだとする組と、返してはならないとする組に分かれて内紛がはじまる。御三家の一つ、三十五万石の内紛は激烈を極めた。

後に、桜田門外の事件の首謀者になる金子孫二郎も高橋多一郎も勅書の返納に反対した。先の会話に出てくる畑弥平と内藤文七は、金子と高橋の密命を帯びて京都や大阪の探索を命じられ、畑だけが帰ってきたところである。

ついでに書けば、桜田門の襲撃の後、薩摩藩は兵を京都へくり出す。水戸の脱藩組は薩摩の軍と一緒になって京都守護につく手筈になっていた。

この家の主は塚田孔平真智という。父子共に千葉の門下で、父が亡くなってから数年経つが看板は換えてない。北辰一刀流指南塚田五右衛門のままである。千葉一門は塚田親子のことを塚田とか孔平とかの呼び方をしない。久保町で通っていた。

来客はただの人ではない。女中や若党を呼んで用をいいつけることを避け、自ら立って奥へ行くと酒肴の準備を命じた。

塚田が戻ってくると客は手枕で横になっている。

「疲れたろう。枕を出そう」

「結構々々、その必要はない」と言いながら体を起こすと、

「貴公は用があるだろう。夜になったら相手をしてくれ」

「いま酒が届く。酒を飲んで一眠りされるとよい」
「外はまだ明るいが酒は有難い。午睡《ひるね》をしたい。本が欲しい。二ヶ月の旅、本に飢えている」
「本はその押し入れを開けると沢山ある」

畑弥平の日記「南遊夢の旅寝」に、彼が塚田の家に泊まったのは安政七年三月二日（旧暦）とある（この月の下旬から万延に代る）。

この年は閏《うるう》年で関東は雪の多い冬だった。この日もまた一段と冷えた。普通の年ならこの時期になれば炬燵《こたつ》はいらない。

畑は銚子二本の酒を飲むと押し入れから本を数冊持ってきて、炬燵に足を入れたまま読みだした。本の書き出しは、

この書は我が千葉成政先生が、門生の塚田五右衛門と子孔平に教えられたことを逐一記すものなり。

永年に渡ってのこととなれば、記述に誤りあることを恐れ、高坂厳二郎昌孝に訂正を依頼した。誤りなきことを得たのでここに記述する。（原文を一部省略）

嘉永六年春東都玉池玄武館　安房　鏡浦　山田官司文次識す

一刀流兵法機運之書

それ兵法のもの、所作を第一とすと云えども、全勝を得ること難かし。遅くして勝つにあらず、速くして勝つにあらず、剛にして勝つにあらず、柔にして勝つにあらず、強にして勝つにあらず、弱にして勝つにあらず、敵の機を察すること肝要なり。

兵法に四つの病あり。驚懼疑惑と云ふ。この病一つ有る者は勝つこと能はず。この病を除き、心広、體胖にして湛舜活脱、思慮を絶し無分別に至れば全勝を得るなり。

斯の如くを神明剣とも極一刀とも云ふなり。死生命あり。進んで死するを栄とし、退きて生るを恥とす古人の辞《ことば》あり。二六時中、間断なく修行したまふべし。

北辰一刀流剣法

一つ勝

向こう陰、此方星眼にしてしかけるとき、向、此方かしらを打ち来たるを、切り落とし突く心にて攻め、向、手を上げける處を左籠手打ち、上段になる。

二本目

畑はここまで読むと炬燵に足を入れたまま仰向けに寝て、本を自分の顔にふせ、本の一節をつぶやく。

「進んで死するを栄とする……か」

本をかぶったまま目をつむる。先ほどの酒が気持ちを高ぶらせている。

頬に熱いものが一筋、二筋。

まぶたの奥に、別れてきたばかりの六尺豊かで好男子の有村の末弟の顔が浮かぶ。子供の頃から手に負えないきかん棒の佐野竹之助の顔が、堅実な広岡も、血の気の多い森も、四人とも二十歳を一つ二つ出たばかりだ。

真面目そのものの蓮田市五郎。寡黙で実直、剣を持つと恐ろしい腕を見せる増子金八、あの後輩もこの後輩も、あの若さで明日《あす》終わってしまうのか。そう思うと不憫《ふびん》でならない。またしても熱いものが耳の脇を伝って落ちた。

明日死んで行く稲田重蔵にひどいことを言ってしまった。己は何と愚かなことを言ったのだろう。彼には言い過ぎた。今になって後悔しても間に合わない。喘息持ちの稲田がその時、咳が出ないことを祈ろう。

疲れと落胆と悩みと感情の高ぶりがごっちゃになって、本をかぶったままこんこんと眠った。

その日の深夜、主と客は、宵と同じ部屋で膳を囲んでいた。畑は親友の塚田に、薩摩の藩邸で言い過ぎたことを悔恨を込めていろいろと話す。畑は塚田に慰められた。われに返ったとき寒さを感じ、

「旅の疲れが残ってか、今晩は寒いな」

「いや、疲れのないそれがしも寒い。ところで貴公、明日の役目は」

「見張り」

「おお、大事な役目だ。よく確かめてもらいたい。それにしても金子様らしい人の配置。うん、お指図はそれだけではあるまい」

「さよう。成り行きによっては貴公の手を貸してもらいたい」

「……、何人欲しい」

「欲しいのはその手ではない。手出しはしてもらいたくない。鬼は稲田が必ず仕留める」

畑の剣幕に塚田は黙った。

「…………」

「事成れば、一時も早く小石川（水戸藩邸）の守りを固めなくてはならない。井伊家の家臣が主君の仇討ちに押し寄せること必定」

「…………」

「また、一時も早く国元へ知らせなくてはならない」

「解った。小石川の藩邸の連絡は引き受ける」

塚田も寒さのためか小用が近い。用に立って便所の窓の隙間から外を覗《のぞ》いて驚いた。外は大雪ではないか。春の大雪。席へ戻ると小声で、

「畑、大雪だ。外を覗いてみよ」

慌《あわ》てて立った畑は障子を開けて驚く。

畑の日記に「久保町塚田孔平方へ、一宿。てつ夜つかまつり候處大雪、天なるかな、命なるかなと悦ぶ。夜の明けるをまち、同人より無印の傘を一本、足駄一足を借受け、霞が関より場所へ望候ところ、井伊家の見張りと覚えしき立ち回候（原文）」と詳しく記している。

畑の日記と塚田が後日、門弟に語ったことを続けよう。

その朝、畑は現場へ早く着き過ぎた。永年、水戸藩の郡方目付をしてきた畑は変装の名人だったが、現場に着くと井伊家の見張りに怪しまれた。蛇《じゃ》の道はへびだ。勘で解る。これはいけないと思い、内桜田や西丸下の方をぶらぶらする。そこから和田倉御門より日比谷御門をぬけて再び外桜田へ。

その頃になると、大名の登城を見物するお上《のぼ》りさんが沢山、外桜田の辺に集まって来た。

雪はますます激しく降る。寒くてたまらないから傘見世（今日の屋台）へ入って茶碗酒を飲んだ。それでも志士たちの姿が見えない。気になって仕方ないが、同じ所に長く居るのは危険

だ。霞が関へ帰ろうとして、芸州公の門前まで来て岡部三十郎と関鉄之介に有村次左衛門の三人に出会った。

少し遅れて山口辰之介に斎藤監物、佐野竹之介の三人が来た。合い傘の者もいれば木綿の半合羽もいる。野羽織に馬乗袴の者、あるいは立っ付け袴に手傘なども居る。

行き違いに目で挨拶を交わす。刻限はよしと三度《みたび》外桜田へとって返した。

志士たちは武鑑《ぶかん》を片手に、てんでに傘見世に入ると、とぼけた挨拶を交わしながら茶碗酒を飲み、おでんなどを食べている。

諸大名がつぎつぎと登城する。そのうちに一際立派な大名の行列が通った。尾張の殿様である。この頃になると志士たちはそれぞれの持ち場へ散った。

尾張公が通られると雪煙のなか、微かに見える井伊家の赤門がさっと開き、中から赤具《そなえ》の行列がおよそ五、六十名、「下にー、下にー」の唱道のもと刻足《きざみ》で押し出してきた。

今日は三月三日上巳《じょうし》の節句。大名たちは将軍家に祝賀を述べるために登城する。この日の朝、井伊大老の登城を狙って立ち上がったのが元水戸藩士十七人と元薩摩藩士一人。彼らは外桜田に於いて大老を襲った。

現場の指揮は関鉄之介。関は雪駄に傘をさして懐にピストルを隠し持って待機する。突然行列の先頭が乱れた。

森五六郎が「お頼み申す」と言いながら駕籠訴の真似をして、先供の足を止めた。二十三才の森の決死の行動が功を奏した。

行列が先頭から徐々に止まる。駕籠かきの足も止まった。関のピストルが鳴る。誰かが井伊家の槍持ちに飛び掛かって槍を奪おうとして騒ぎを起こした。作戦が見事にあたった。

森は行列の先頭を止めた。井伊家の供頭の日下部三郎衛門と供目付の沢村軍六の二人が駆け寄る。その途端、二人とも切られた。普通なら簡単に切られる二人ではない。

井伊家の供侍は油断した。朝からの大雪に刀に湿気が及ぶのを恐れ、柄袋をかけ、上から紐で結んでいた。「曲者《くせもの》」と叫んだが、刀が抜けない。

この間の模様を畑の日記はつぎのように伝えている。

刻限違わず両側さっと押し開き（井伊家の門）刻供《きざみ》にて、行列中央駕籠を見掛（めがけ）、佐野、稲田、斎藤をはじめ突込候様子いとも激しき。風雪に血煙立てて戦、合言葉（正堂、正々堂々の意）太刀音かまぶすしく、たばこ二服（刻み煙草二服、約十分）ばかりのあいだ、只々夢の心地。

井伊家の供はすべてが後手に回った。先供に異様があったが寒さのために手がかじかんで柄袋の紐が解けない。

刀が抜けないので慌てた井伊勢。そこへ突然のピストルの音。守る側はたじたじとし、ますます慌てた。先の方で槍持ちの悲鳴が聞こえた。

供侍たちは「先が大変だ」と先の方へ走った。走り、走り、鞘のまま刀を振り回した。雪煙で相手がよく見えない。そこここで同志討ちが始まっていた。

五十に近い稲田はよく戦った。一人に浅手を負わせると敵は逃げた。

辺りを見ると広岡が二刀を遣う相手と戦って苦戦している。二刀を遣うのは井伊家にその人ありと知られた川西忠左衛門だ。加勢して二人で戦うが仲々手ごわい。二人とも手傷を負わされた。

そこへ増子金八に佐野竹之介が加わり、遂に川西を仕留めた。

稲田は敵が倒れたので辺りを見た。敵方は先供の方が騒がしいので、行列の先の方へ走って、駕籠脇は手薄になっている。今だ、とばかり駕籠脇へ走る。

「国賊、思い知れ」と叫んで突き刺した。手応えは十分。

そこへ郡珂郡の神主の海後磋磯之介と藩士の佐野竹之介も突っ込んできた。

少し遅れて向こう側から有村が走り寄ると、駕籠の垂れをむしりとって大老の襟首をつかんで引きずり出し、首を切り落としてしまった。一瞬のことである。

稲田が敵将に初太刀を報いようと走ったとき、井伊家の家臣が二人、そうはさせじと後ろから追ってきた。

稲田は大老を刺すと向き直り、一人に立ち向かう。その時、他の一人に斜め後ろからやられた。万事休す。稲田は雪の上に倒れながら叫んだ。

「畑、赤鬼への初太刀を見たか。稲田重蔵の一本槍！」

襲った方も襲われた方にも多くの犠牲者が出た。襲った方は三、四倍の敵に立ち向かう。襲われた方は不意をつかれた。井伊家が幕府へ提出した報告では即死と数日後の死亡も含めて七人、深手と手傷を合わせて九人、薄手は七人、死傷者を合わせると二十三人になる。

井伊家の供は五、六十人いた。逃げたものは相当数あった。

志士側の即死は稲田重蔵一人。重傷のため自訴するまでに自決したのが有村次左衛門、山口辰之介、広岡子之二郎、鯉淵要の四人。引き上げてからの死亡が佐野竹之介と斎藤監物、合わせて六人。

傷を負ったために自首したのは黒沢忠三郎、蓮田市五郎、森五六郎、大関和七郎、森山重之介、杉山弥一郎の六人。但し森山は無傷。

無傷でその場から姿をくらました人は関鉄之介、岡部三十郎、広木松之介、増子金八、海後礎磯之介の五人。

十八人のうち関は指揮を執り、岡部は見張りで二人とも戦いに加わっていない。

事前の作戦計画では井伊家から加勢をくり出すものと予想して、見張りを兼ねた予備員が用意されていた。木村権之衛門、野村彝之介、大胡聿蔵、畑弥平、佐藤鉄三郎、手に負えないときは関も岡部も戦いに加わる手筈になっていた。

総指揮官の金子孫二郎が初めに与えた指示は、負傷者は老中の屋敷へ自首して斬奸書《ざんかんしょ》を提出する。無傷のものは潜行して京都へ行き、上京してくる薩摩の軍と一緒になって行動する。

見張っていた畑はその後どうしたであろうか。日記には、

「私儀、幸橋御門をぬけ塚田氏へ参り、右の物語之所、飛び上がり満悦致し候。夫《それ》より支度仕《つかまつり》候。品川鮫州川崎（楼）へ参處候　安島鉄三郎一人待ち居り」。

打ち合わせでは川崎楼が大阪へ行く金子と有村たちと、畑と佐藤が落ち合う場所になっていた。この時、畑より一足先に佐藤鉄三郎が到着した。畑は佐藤を見ると喜色満面で上首尾を連発して馴れ馴れしく話しかける。ここで血の雨を見そうな事が起こるのである。

畑の日記にある安島鉄三郎は佐藤鉄三郎の間違いで、名前を間違えるくらいだからお互い顔に覚えはあるが、親しい交流はない。

佐藤は畑を疑った。畑は以前郡奉行の下で目付をやっていた。彼は水戸藩の反対党が差し向けたスパイではないか。そうでなければこんなに早く事件の顚末《てんまつ》を知っているわけがない。

ここで切ってしまおう。こいつに密訴されたら大阪へ行く計画が水の泡になる。あわやのところだった。金子の到着が遅かったら切り合いになっていた。

志士たちは大老を倒す第一の目的を果たした。が、第二の目的は齟齬《そご》を来たしてしまった。薩摩藩は前の年の七月、名君といわれた斉彬《なりあきら》が突然死亡した。そのために藩の方針が変わり、水戸藩の志士たちと結んだ約束を守れなくなる。

そのことを知らない金子孫二郎が大阪へ行く途中、四日市で薩摩藩の捕り手に捕《とら》えられて幕府に引き渡された。井伊大老が倒れた六日後の三月九日のこと。翌年切られてしまう。

高橋多一郎も息子の荘左衛門と共に大阪の島男也《おなり》の家に泊ったところを臭《か》ぎ付けられ、捕り手に囲まれたので生魂神社で自決した。

山崎、川崎、島、佐久良、岡部も相前後して捕えられ、関は越後の湯沢で捕えられ、いずれも刑死する。

三年後に起こった天狗党の戦いでは大胡と畑が刑死する。これらの人々は明治になると叙勲されたが、生きていたら国のためになったろう。

桜田門外の変に参加して余命を全うしたのは、海後磋磯之介と増子金八と佐藤鉄三郎の三人である。

ここで話が一気に飛ぶ。地方を取材中に得た、隠れた逸話を書くことにする。

北茨城市を流れる花園川の源流近くに満願寺（現在は花園神社）という寺があった。今は秘境の神社と花園渓谷と花園ダムがハイカーを楽しませているが、この山奥を舞台にした面白い話が伝わっている。

花園神社は明治の初めまでは満願寺といい、堂塔伽藍が三十余も散在する一大霊場である（昭和五年一部取り壊し）。

山奥に大霊場が存在するにはそれなりの理由がある。

はるか昔、奥州の白河の関、棚倉《たなくら》、矢祭、花園、勿来《なこそ》の各関を結ぶ線が蝦夷《えぞ》の南下を防ぐ最前線で、これらの関に城塞が作られていた。

花園関砦は中世以後になると、城に神仏混淆《こんこう》の寺の両方を併せ持つ一大勢力を形成する。

さらに時代が下って江戸時代になると、この地方は旗本の所領にされたので、寺は上野の寛永寺の末寺になる。寛永寺の末寺になったことが後にこの寺の運命を変える。

江戸幕府が倒れて戊辰《ぼしん》戦争が起こると、寛永寺の支配下というだけの理由で取り壊しに遭い、住職の花園教種は山形県に逃れてその地で亡くなる。

後継ぎの東も安全を求めて転々とした。が、世の中が平和になったので寺に戻って見ておどろいた。難を逃れている間に先祖から保有していた寺領は国に没収され、本堂を中心にした三十もある寺院に沢山の博徒《ばくと》が住みついている。

寺の再建を願う花園東は、博徒を追い出し、寺院の修復をするのだが東の苦労は何処までも続くのである。

そのうちに一部の寺領が返還され、第四十一代の東が家族と安心した生活が出来るようになったのは、明治も二十年代になってからである。

明治二十五、六年頃の五月のある日、満願寺の住職を訪ねた翁がいた。真白なあご髭が帯まで届く翁は、桜田門外の事件の生き残りの海後磋磯之介の老後の姿である。

海後は明治になってから警視庁の剣道教師に迎えられたが、長く勤めることなく職を辞している。辞職した理由が面白い。彼の稽古が余りにも激しく、皆に嫌われたからである。

その後は悠々自適の生活を送った（明治三十六年五月十八日死亡）。

海後は住職より年上だった。海後の家は代々の神官、山奥へ訪ねて逗留するのはお寺。二人は親密な間柄で、これまでもしばしば訪ねて来ては数日間泊まるのが常だった。

二人は過去にどんな繋がりがあったか、はっきりしない。想像出来ることは幾つかある。二人とも追われる身だから何処かで接点があったのか、あるいは東の妻の実家が、近くにある木皿城跡の王子神社の神官だから、そこの縁から親しくなったのか。津祢の母方の祖父が中山藩の家老の高橋種英という。種英は日下部伊三治の末弟（日下部は戊午の内勅降下の運動をして安政の大獄で獄死）だからその辺の繋がりか。

以下のことを語りのこしているのが住職の妻の津祢で、津祢は住職よりかなり若かった。住職は逃亡と寺の再建で結婚が遅かったらしい。

津祢は大変な長生きで昭和五年、七十七才で亡くなっている。

津祢の話を書くことにするが、この人の話を今に伝えてくれたのが孫の花園教之氏（明治三十九年生まれ、中学校校長退職、高萩市在住）である。

花園教之氏は名家の生まれだが、幼時は不運だった。一才のとき父を失い、三才のときに母と生別。祖父母の手で育てられた。祖父母の話は鮮明に記憶に残っている。

寺の住職と来客の海後の夕食は決まったように花園渓谷が手にとるように見える座敷で、津祢は夕食になるとお酌やお給仕をしながら二人の会話を聞くのを楽しみにしていたそうだ。

ある日の夕食のこと。二人はわずかの酒に頬を赤くして、火照《ほて》った顔に渓流から上がってくる川風をあてて風雅を楽しんでいた。

四方山《よもやま》話の末に二人の会話は、我が国の軟弱外交を気にした話になる。

そのころは日清戦争が始まる少し前だから、国際情勢が心配だったのだろう。

その話が一通り終わると、話のはずみで真剣勝負のことに及んだ。

海後は度々逗留しているが、桜田門の話はほとんどしなかった。この時は興がのったのか、あの戦いの話をはじめる。

食事中であり、女性がいるから相手の何処を切ったとか、何人倒したとかの話はしなかったが、戦いに臨んだときのことを詳しく話している。

その朝、井伊側は森の駕籠訴にかき回されたところへピストルの音がしたので動揺した。

海後が初戦を見ていると、味方の左翼隊の黒沢、有村、山口、増子、杉山の五人が、向こう側から喊声《かんせい》を上げて切り込んだ。同時に左翼後方隊（井伊家の方からは先頭）の鯉淵、蓮田、広木、斎藤の四人が、森が暴れ回っている敵側の先供へ、森を加勢する形で切り込んだ（斎藤は老中へ斬奸書を提出するために戦闘に加わらない予定だったが、我慢できなくて切り込んだらしい）。

二隊の戦闘を見た関は、ここでわざと遅らせ、海後たちの右翼隊を突っ込ませた。遅らせたのは敵を出来るだけ左翼の二隊に引き寄せ、駕籠の近くの警備を手薄にしたかったからである。

海後は、今のお堀の方からの襲撃組である。仲間は五人、佐野、大関、広岡、森山、海後の面々で佐野隊と呼んだ。

右翼の海後は刀を抜いて切り込んで行くのだが、その時は辺りが薄暗く感じた。丁度夜の明け初めか日暮れのようである。

決死の覚悟は出来ていたが、敵側はこちらの四倍。大きな赤黒い山に切り込むような感じだった。無我夢中で間合も機会も見ずに、ただ刀を振り回していた。少し戦うと相手が傷ついて逃げた。すると辺りが急に明るくなって、敵側がよく見えてきた。それからは落ち着いて間合を取り、機会の度に切って出た。

井伊家の駕籠脇へ寄ったときは、普段と変わらない明るさに戻っていた。

海後は戦いの最中、早く落ち着きを取り戻すことが出来た。辺りが明るくなったから怪我が少なくてすんだのだろう。

それでも左の小指を切り落とされている。戦いが終わり、納刀するとき、小指のないのに気付いたと語っている。

海後と同じことを手記にして残しているのが、左翼後方隊の蓮田市五郎である。

蓮田市五郎は肩と肘にやや深手を負った。彼が自訴したのは脇坂中務大輔邸で後に細川越中守邸に移された。

蓮田は戦闘の模様を次のように書いている。

戦いは気をもって主となすというが、まこと真実だ。初め刀を抜いたときは、間合も解らず、ただ無二無三、目の前は薄暗くぼんやりしてくる。試合や稽古と全く違う。

蓮田も赤黒い人の山に向かって切り込んでいた。目の前が暗かったのだろう。

ついでに書けば、蓮田が捕らわれの身で戦闘の有様を描いた絵が今も伝わっている。蓮田は必死で戦っていたのだから個々の戦闘の模様は解らない。絵を描くとき一緒に捕らわれていた仲間数人の意見を聞いて描いたものだという。

この絵は幕府をはばかって暫くの間、世間に出なかった。

絵の模様は見張りや近くの大名屋敷から見ていた人達が、後日に語ったこととほぼ一致する。

桜田門の戦いがどんなに激しいものだったかを物語るのが黒沢忠三郎の刀の絵である。

評定所（今日の検察と裁判所を兼ねたような所）の取調べの時、参考の品として出されたのが黒沢の刀である。あまりにも激しい切り合いのあとが刀の刃こぼれに見えたので、係の役人が将軍の閲覧《えつらん》に供したという。

その噂が流れるとあちこちの大名から見せて欲しいとの申し入れがあった。黒沢は粗末な刀を理由に断わり、代わりに刀の絵を書いて届けた。その絵がいまも残っている。

黒沢と大関和七郎は兄弟で、兄の大関は激しい性格をもち、弟はいたって温厚だった。大関は重傷を負った。右の耳半分と肩先九寸（約二十七センチ）、左の脇腹九寸の傷を負い、それでも怯《ひる》まず二尺三寸の刀を振って戦った。

決死の先鋒をつとめ、緒戦で二人を倒した森五六郎は生来天真爛漫の人だった。森は稲葉家におあずけ中に、同家の家臣に問われるまま次のように語っている。

「平日の稽古では突きを入れ、胴を払うことが多うござるが、果たして実戦では益のある事でご座ろうか」

「打ち合いの場合、拙者などは気がはやり、ただ寸の伸びたる物にて滅多打ちに打つよりほかなく、普段の稽古とは大違い。なかなか突きなど入るものではござらぬ」

ちなみに森の差し料は二尺八寸の大業物だった。

別の家臣が聞いた。

「あの日の朝、見物したる人々の口から茶の袴を着用した若い武士の働きが一際目立ったとの噂でご座る。茶の袴をつけて戦われたのはどなたであろうか」

これを聞くと二十三才の若者が、乙女のように顔を赤らめて、

「茶の袴は拙者一人で、傍目《はため》に立ち働いたように見えたのは、あちこちと馳《は》せ巡って候えば、よそ目には働いたように見えたのであろう」

森は先鋒の切り込みをやっているが意外に傷が少なく、傷が浅かった。額に一寸（三センチ）腕に二寸（六センチ）だけである。

増子金八と森山繁之介は無傷だった。増子金八とは仮りの名で、養家に類を及ぼさないために生家の姓を名乗ったもの。本名は大畠誠三郎である。

大畠は寡黙だったが沈着剛胆。兄が道場をやっていた関係で剣道と居合の達人である。この人は明治十四年十月十四日に病死している。

桜田事件は大変な戦いだったから志士たちは持ち場によって運、不運がある。

記録や手記は数々あるが、必ずしも一致していない。従って軽々しい評価は出来ない。

このことを前提において数々の記録を総合的に検討してみるのも無駄ではないだろう。

大畠誠三郎は剣道的な面から見ると最も優れた一人であろう。

大畠の兄嫁は総指揮をとった高橋多一郎の妹で、大畠は高橋に依頼されてこの時より何年も前から危険を冒して国事に奔走していた。

安政の大獄の犠牲になった日下部伊三治《ひさかべいさじ》などと共に危険な目に遭っている。言われるところの戦《いくさ》の場慣れをしていたのである。

記録によると大畠は緒戦で二、三人に手傷（別の記録には数人とある）を負わせ、逃げられている。そのあと有村と同志討ちをやった。（有村は薩摩藩士だからお互いが顔を知らない）。「正、堂」の合言葉で解って別れたから事無きを得た。が、そのとき既に有村は大畠のために手傷を負っていた。

有村と別れ、きびすを返した大畠は稲田と広岡が持て余している二刀遣いの川西忠左衛門と戦い、これを倒している。

川西を倒したころは駕籠の周辺を仲間の志士が取り囲んでいた。冷静な大畠は功名心に駆られることなく駕籠の傍らへは行かなかったらしい。

有村が井伊の首級を挙げて「よかー、よかー」を連発する。水戸側は歓声を上げて、「しめたー、しめたー」を叫ぶ。これを聞いた井伊勢が数人猛然と切り込んできた。

この時、大畠と佐野など近くにいた人たちが切り払っているが、この逆襲で深手を負った者が多い。目的を達してほっとしたところの逆襲に痛手を受けた。大畠はこの逆襲にも怪我をしていない。

有村が井伊大老の首を刀の先にさし、薩摩言葉で奇声を上げて引き上げる。傍らに井伊家の藩士小河原秀之丞が重傷を負い、気を失って倒れていた。

小河原は有村の声で覚醒して、おぼつかない足取りで有村を追い掛け、「それをやってなるものか」と叫びながら後ろから切り付けた。

すでに重傷を負っていた有村は、小河原の一太刀が致命傷になって自決する。

剣道的な見方からすると、緒戦に視界が薄暗くなることや、目的を達した後の残心は関心を高くして聞いていいだろう。

桜田門外の事件には数々の疑問が残っている。主なものを挙げると、

一、大老の首が井伊家へ返されていたのか、偽物を返されていたかの問題がある。

二、大老に初太刀を報いたのは稲田に一致するが、首を切り落としたのは有村か否かの説が残っている。もし他の人なら誰か。

三、薩摩藩の血の気の多い人たちは何故参加しなかったか。

四、彦根側が疑うように、大老を討ったのは水戸烈公の指示だったか、どうか。

五、金子と高橋は致し方ないとしても、海後と大畑を除く他の人たちはどうして逃げ切れなかったのか（佐藤は捕えられたが後に釈放）。

このほかにも沢山の疑問がある。長年の調査で前記の一を除いて、他の疑問はほぼ答えが出ると思っている。このことは別の機会に活字にしたい。

師範室閑話

平成3年2月1日　初版発行
平成9年10月25日　改 訂 版

著　者　上牧　宏
発行者　小澤一雄
発行所　㈱体育とスポーツ出版社
〒101東京都千代田区神田錦町1-17
TEL 03-3291-0911
FAX 03-3293-7750
振替口座　東京00100-7-25587
印刷所　㈱アトラスネットワーク

師範室閑話 ―新装版―（オンデマンド版）

二〇二二年三月二十日発行

著者　上牧　宏

発行者　手塚栄司

発行所　㈱体育とスポーツ出版社
東京都江東区東陽二―二―二〇　3F
電話　（〇三）三二九一―〇九一一
FAX　（〇三）三二九三―七七五〇

印刷所　㈱デジタルパブリッシングサービス
東京都新宿区西五軒町一一―一三
電話　（〇三）五二二五―六〇六一

ISBN978-4-88458-435-1　Printed in Japan　AL163